谨以此书献给当代乡村建设先驱
刘相波先生

全国高校出版社主题出版 | 重庆市出版专项资金资助项目
西南大学创新研究 2035 先导计划资助项目
武汉研究院开放性课题《社会组织参与基层社会治理研究》
（编号：IWHS20211009）

乡村振兴探索丛书
丛书主编　温铁军
　　　　　潘家恩

农民合作社的多样化实践：案例与经验

吕程平　白亚丽　汪维行　李管奇　编著

西南大学出版社
国家一级出版社　全国百佳图书出版单位

图书在版编目(CIP)数据

农民合作社的多样化实践：案例与经验/吕程平等编著.--重庆：西南大学出版社，2023.12
（乡村振兴探索）
ISBN 978-7-5697-1725-9

Ⅰ.①农… Ⅱ.①吕… Ⅲ.①农业合作社-研究-中国 Ⅳ.①F321.42

中国国家版本馆CIP数据核字(2023)第017367号

农民合作社的多样化实践：案例与经验
NONGMIN HEZUOSHE DE DUOYANGHUA SHIJIAN：ANLI YU JINGYAN

编　　著：吕程平　白亚丽　汪维行　李管奇

出 品 人：	张发钧
策划组稿：	王传佳　黄　璜
责任编辑：	李　勇
责任校对：	文佳馨
装帧设计：	殳十堂_未氓
出版发行：	西南大学出版社（原西南师范大学出版社） 地址:重庆市北碚区天生路2号　邮编:400715
经　　销：	新华书店
印　　刷：	重庆市国丰印务有限责任公司
成品尺寸：	170 mm×240 mm
印　　张：	14
字　　数：	217千字
版　　次：	2023年12月　第1版
印　　次：	2023年12月　第1次印刷
书　　号：	ISBN 978-7-5697-1725-9
定　　价：	68.00元

总　序

温铁军[*]

人们应该知道乡村振兴之战略意义实非仅在振兴乡村，而是在中央确立的底线思维的指导下，打造我国"应对全球化挑战的压舱石"。

2022年中央一号文件指出："当前，全球新冠肺炎疫情仍在蔓延，世界经济复苏脆弱，气候变化挑战突出，我国经济社会发展各项任务极为繁重艰巨。党中央认为，从容应对百年变局和世纪疫情，推动经济社会平稳健康发展，必须着眼国家重大战略需要，稳住农业基本盘、做好'三农'工作，接续全面推进乡村振兴，确保农业稳产增产、农民稳步增收、农村稳定安宁。"

为此，应把"三农"工作放入我国的新发展阶段、新发展理念、新发展格局中来解构。"三新"这个词，可能大家很少深入去思考，我们简单回顾一下。2021年1月11日，习近平在省部级主要领导干部学习贯彻党的十九届五中全会精神专题研讨班开班式上发表重要讲话强调：进入新发展阶段、贯彻新发展理念、构建新发展格局，是由我国经济社会发展的理论逻辑、历史逻辑、现实逻辑决定的。这是新时期全面推进乡村振兴的指导思想。

就"三农"工作来说，当前要遵照2020年党的十九届五中全会确立的国内大循环战略，"两山论"生态化战略，城乡融合发展战略。

我在调研过程中发现，很多地方在稳住"三农"工作时没能很好地学习和贯彻"三新"战略，还在坚持以工业化和城市化为主的旧格局，以至于很多矛盾不能很好解决。

[*]西南大学乡村振兴战略研究院(中国乡村建设学院)首席专家、教授。

新发展理念和旧的理念有很大不同，比如，现在我们面对的外部的不确定性，其实主要是全球化带来的巨大挑战。而全球化挑战最主要的矛盾就是全球资本过剩，这主要是近20年来，西方主要国家增发大量货币，导致大宗商品市场价格显著上涨，迫使中国这样"大进大出"的以外向型经济为主的国家多次遭遇"输入型通胀"。这些发达国家对外转嫁危机制造出来的外部不确定性，靠其国内的宏观调控无法有效应对。面对全球资本过剩这种历史上前所未有的重大挑战，我国提出以国内大循环为主体、国内国际双循环相互促进的主张。

因此，要贯彻落实2022年中央一号文件精神，就要把握好"稳"的基本原则，守住守好"两条底线"（粮食安全和不发生规模性返贫），坚持在"三新"战略下推进乡村全面振兴，打造应对全球危机的"压舱石"。

此外，在2000年以后世界气候暖化速度明显加快的挑战下，中国已经做出发展理念和战略上的调整。

中央早在2003年提出"科学发展观"的时候就已经明确不再以单纯追求GDP为发展目标，2006年提出资源节约、环境友好的"两型经济"目标，2007年进一步提出生态文明发展理念，2012年将大力推进生态文明建设确立为国家发展战略。"绿水青山就是金山银山"的"两山"理念在福建和浙江相继提出。2016年，习近平总书记增加了"冰天雪地也是金山银山"的论述。2018年5月，习近平生态文明思想正式确立。在理论上，意味着新时代生态文明战略下的新经济内在所要求的生产力要素得到了极大拓展，意味着新发展阶段中国经济结构发生了重要变化。

2005年，中央在确立新农村建设战略时已经强调过"县域经济"，2020年党的十九届五中全会强化乡村振兴战略时再度强调的"把产业留在县域"和县乡村三级的规划整合，也可以叫新型县域生态经济；主要的发展方向就是把以往粗放数量型增长改为县域生态经济的质量效益型增长，让农民能够分享县域产业的收益。

新发展阶段对应城乡融合新格局,内生性地带动两个新经济作为"市民下乡与农民联合创业"的引领:一个是数字经济,一个是生态经济。这与过去偏重于产业经济和金融经济这两个资本经济下乡占有资源的方式有相当大的差别。

中国100多年来追求的发展内涵,主要是产业资本扩张,也就是发展产业经济。21世纪之后进入金融资本扩张时代,特别是到21世纪第二个十年,中国进入的是金融资本全球化时代。但是,在这个阶段遭遇2008年华尔街金融海啸派生的"输入型通胀"和2014年以金砖国家为主的外部需求下滑派生的"输入型通缩",客观上造成国内两次生产过剩,导致大批企业注销、工人失业,矛盾爆发得比较尖锐。同期,一方面,加入国际金融竞争客观上构成与美元资本集团的对抗性冲突;另一方面,在国内某种程度上出现金融过剩和社会矛盾问题。

由此,中央不断做出调整:2012年确立生态文明战略转型之后,2015年出台"工业供给侧结构性改革",2017年提出"农业供给侧结构性改革",2019年强调"金融供给侧结构性改革",并且要求金融不能脱实向虚,必须服务实体经济。例如,中国农业银行必须以服务"三农"为唯一宗旨;再如,2020年要求金融系统向实体经济让利1.5万亿元。总之,中央制定"逆周期"政策,要求金融业必须服务实体经济且以政治手段勒住金融资本异化实体的趋势。

与此同时,中央抓紧做新经济转型,一方面是客观上已经初步形成的数字经济,另一方面则是正在开始形成的生态经济。如果数字经济和生态经济这两个转型能够成功,中国就能够回避资本主义在人类历史两三百年的时间里从产业资本异化社会到金融资本异化实体这样的一般演化规律所带来的对人类可持续发展的严重挑战。

进一步说,立足国内大循环为主体的新阶段,则是需要开拓城乡融合带动的数字化生态化的新格局。乡村振兴是中国改变以往发展模式,向新经济转型的重要载体。因此,《中华人民共和国国民经济和社会发展第十四个五年规划和2035年远景目标纲要》指出,要坚持把解决好"三农"问题作为全党工作的重中之重,走中国特色社会主义乡村振兴道路。

为什么强调"走中国特色社会主义"的乡村振兴道路?

因为,在工业化发展阶段,产业资本高度同构,要求数据信息必须是标准化的,以实现可集成和大规模传输,这当然不是传统农村和一般发展中国家能够应对的。并且,产业资本派生的文化教育体现产业资本内在要求,是机械化的单一大规模量产的产业方式。被资本化教育体制重新塑造的人力资本如果不敷用,则改用机器人替代……

中国特色社会主义与其最大的区别是,虽然产业资本总量和金融资本总量世界第一,但在发展方向上促成了乡村振兴与生态文明战略直接结合,对金融资本则严禁异化,不仅要求服务实体,而且必须服务于现阶段的生态文明和乡村振兴等生态经济,这就不是单一地提高农业产业化的产出量和价值量,而是包括立体循环、生态环保,以及文化体验、教育传承等多种业态。因此,乡村振兴不能按照资本主义国家农业现代化要求制定中国农业现代化标准,而是要按照建设"人与自然和谐共生"的现代化,形成中国特色社会主义乡村振兴的生态化指标体系。

近年来,党中央提出建设"懂农业、爱农村、爱农民"的"三农"工作队伍并指出"实践是理论之源",多次强调国情自觉与"四个自信"。回到历史,中国百年乡村建设为新时代乡村振兴战略积累了厚重的历史经验。20世纪20至40年代,中国近代史上具有海内外广泛影响的乡村建设代表性人物卢作孚、梁漱溟、晏阳初、陶行知等汇聚重庆北碚,使北碚成为民国乡村建设的集大成之地,而西南大学则拥有全国高校中最为全面且独特的乡村建设历史资源。

为继承并发扬乡村建设"理论紧密联系实际"的优秀传统,紧扣党中央关于乡村振兴和生态文明的战略部署,结合当代乡村建设在全国范围内逾20年的实践探索与前沿经验,我们在西南大学出版社的大力支持下,特邀相关领域研究者与实践者共同编写本丛书,对乡村建设的一线实践进行整理与总结,希望充分依托实际案例,宏观微观相结合,以新视野和新思维探寻乡村振兴的鲜活经验,推进社会各界对新形势下的乡村振兴产生更为立体全面的认识。同时,也希望该丛书可以雅俗共赏,理论视野和实践经验兼顾,为从事乡村振兴的基层干部、返乡青年、农民带头人提供经验参考与现实启示。

理论是灰色的,生命之树常青!

是为序。

前言

这是一本以当代乡村建设20年合作社推动经验为基础的农民合作社案例集。案例的撰写者包括合作社管理者、研究者和社区工作者。这些案例反映了各地以民众参与、普惠发展、综合合作、社区建设为导向的一些建设经验。案例中介绍的合作社，包括村社内生综合性合作社、党支部领办合作社、供销社系统"三位一体"合作社等。

合作社就其本质而言，是个体通过组织化实现资源的内向集聚，在层级化的市场空间中争取各种权利的团体。不同收益水平市场之间呈层级化分布，不同层级之间相对区隔，每个层级间的差异代表着参与主体收益量级的差异。或者说，市场内嵌于财富、资本、权利的不均衡分布之中。不同层级市场之间有事实上的准入要求。简言之，分散的、较低数量级的低质资源拥有者是不可能成为高层级市场的真正参与者的。单个农民拿着细碎的农地、农产品或资金，不可能直接进入规模化运营的市场，更不可能进入资源资本化收益的市场层次。那么，合作社的意义在于，仅拥有微弱市场影响力的个体，通过有序化的内部制度安排，得以进入更高层级的市场，从而获得更高水平的收益。

我们认为，合作社的意义不仅仅在经济领域，农民合作组织还可以凭借自我服务的方式在养老、文化等领域发挥作用。这不但可以提供一种低成本、高适切性的公共品供给路径，还可能在高度市场中心、城市中心指向的文化浪潮中，重建社区本位的生活样式。而后者，更与人的自我尊严感和获得感相关。

目 录

第一章 什么是合作社？ ………………………………………1

第一节 合作社的内涵 ……………………………………………2
第二节 合作社原则 ………………………………………………6
第三节 合作社的分类与综合合作社发展 ……………………13
第四节 农民合作社能做什么？ …………………………………23

第二章 合作社内部管理 ……………………………………39

第一节 合作社的组建与成员 ……………………………………39
第二节 合作社的管理机构 ………………………………………47
第三节 合作社内部人才建设 ……………………………………56

第三章 流通领域合作 ………………………………………95

第一节 合作社农产品的营销困境 ………………………………95
第二节 农民合作社的现代经营素养 ……………………………97
第三节 农业创业者的经营管理策略 ……………………………99
第四节 合作社的主要市场模式 …………………………………106
第五节 合作社的联合购销 ………………………………………112

第四章　新型农村合作金融组织······125

第一节　正规金融"离农"倾向······125
第二节　改革开放以来农村合作金融的发展历程······127
第三节　农民资金互助合作社的运行机制······129
第四节　合作社开展信用合作的基础······131
第五节　农民合作社内部信用合作的规范······132

第五章　合作社与社区服务······149

第一节　合作社为什么要开展社区服务？······150
第二节　文化建设　收效最大······160
第三节　儿童教育　社区之本······165
第四节　社区养老　以人为本······170
第五节　环境友好　村容整洁······179

附录······193

附录1　梁漱溟乡村建设中心推动乡村振兴合作社人才建设效果评估···193
附录2　陪伴乡村的发展——梁漱溟乡村建设中心推动乡村建设案例···202

第一章
什么是合作社？

什么是合作社？我们首先要认识到，合作社是在经济活动中处于相对不利地位的人们通过"合作"改变自身处境的一种组织。这样一种认识，贯穿于合作社一百多年的发展历程中。

"合作"是日常生活中经常使用的词汇，那么什么是合作呢？合作是人们出于某个共同的目标，结合自身资源，相互配合、相互支撑的一种行为。合作行为可以发生在个体之间、个体与组织之间、组织与组织之间，甚至国家与国家之间。竞争常被认为在生物演进中发挥着重要作用，事实上，无论是在自然界，还是人类社会，合作行为都发挥着基础性作用。我们知道很多昆虫，如蚂蚁、蜜蜂等本身就是依靠复杂的分工协作来完成高度组织化的工作，甚至不需要统一的指挥就能相互配合，来完成很多难以想象的"工程"，比如蚂蚁搬运比自己身体大很多倍的食物回家。

对于人类社会来讲，就更是如此了。试想一下，如果没有社会成员、单位、企业之间的合作，有哪一项社会事务能够进行的？小到村里盖新房子、工厂生产，大到国家重大工程的建设，都需要分工合作。可以说没有"合作"，人类社会根本不可能存在。2020年初，抗击新型冠状病毒期间，我们更是能看到合作对于社会的重要性。正是各个省份、各个部门、各个行业同心合一、共同努力、合作应对，手挽起手筑成抵抗病毒侵袭的防线，才成功遏制了病毒的蔓延,避免发生更难以想象的后果。在人类漫长的发展历程中,有很多这样关系社会甚至人类命运的关键时刻,正是通过合作,才能共克时艰,让人类薪火相传。人类,并不是自然界中体型最庞大的,也不是最强悍的或最迅捷的,但人类依靠成员之间的合作,从茹毛饮血的时代,走向了高度文明的时代。事实上,人类的智力、组织力和认知能力,也正是在合作过程中不断发展与完善的。

第一节 合作社的内涵

既然合作这么重要,那什么又是"合作社"呢?我们查阅了一些资料,把不同资料中对合作社的理解,摘录到这里供大家参考。

合作社是一种特殊的企业组织,是一种由作为惠顾者、使用者的成员,共同所有和民主控制的企业。[①]

合作社是由自愿联合的人们通过一个共同拥有和民主控制的企业满足他们共同经济、社会文化需求和抱负的自治协会。[②]

合作社是指两个以上社员为了各自独立的经济活动或生活需要而共同出资经营的团体。

合作社是按照自愿、平等原则,在互利和互助的基础上,由社员投资设立的,以共同经营的方法促进社员经济和生活条件改善的社团。[③]

当然,最为广泛接受的定义是由非政府性国际组织——国际合作社联盟(International Cooperative Alliance)提出的。1995年,国际合作社联盟在为庆祝联盟成立100周年而召开的第31届代表大会上,通过了《关于合作社界定

[①] 张广花编著《合作社实务》,浙江工商大学出版社,2017,第5页。
[②] 辛子军、董云鹏:《农民专业合作社运营实务》,中国农业出版社,2017,第5页。
[③] 郭富春:《制定我国合作社立法的构想》,载王保树主编《中国商法年刊(2006)——合伙与合作社法律制度研究》,北京大学出版社,2007,第347页。

的声明》(Statement on the Cooperative Identity)。也正是这一声明,为当今各国合作社实践和研究,给出了最被认可的合作社定义。

合作社是自愿联合起来的人们通过其联合所有与民主控制的企业来满足他们共同的经济、社会和文化的需求与抱负的自治联合体。①

一口气读下来,这个合作社定义稍有些不太好理解。为了便于理解,我们先来观察一种在我国农业生产中常见的情形:

2018年有一则新闻报道四川省攀枝花某地有近百万斤番茄滞销。滞销到什么程度呢?每天成千上万斤的番茄直接倒进河里、埋进地里、烂在枝头,当地农民甚至连大棚薄膜钱都赚不回!辛苦了一年的劳动成果,眼看就这样打了水漂。坏掉的番茄随处可见,堆积如山!当地农民几乎每天都在往河里面成车倒番茄。乡下的河里,全是漂浮的番茄。当地是我国最适合种植番茄的地区之一,这里日照时间长,昼夜温差大,年平均气温二十多度,生长的番茄个头大,果皮红亮,脆爽多汁。那么,为什么会出现滞销的现象呢?原因表面看起来是2018年当地气候良好,上市量远远超出去年同期。但其根本原因却是那几年市场行情较好,导致农户种植规模迅速扩大,造成了阶段性的供过于求,结果是"丰产不丰收"。按2018年的价格"根本连采摘的人工费、运输费都不够!也很少有人过来收"。一位种西红柿的大娘说:家里还有学生娃娃在读书,看着家里成堆成堆卖不出的番茄,焦得整夜整夜睡不着。当地政府、企业、媒体都行动起来一起帮忙扩展销路。网络上也掀起了号召大家购买"爱心西红柿"的活动。

上边这则新闻中出现的情况,在农村也不鲜见。种植技术落后、品种老

---

① 该定义由中国社会科学院经济研究所唐宗焜研究员翻译。见吴彬:《合作社究竟是什么?——基于对国际合作社原则及其流变的重新解读》,载仝志辉主编《农民合作社本质论争》,社会科学文献出版社,2016,第46页。这个定义表明了合作社的企业特点,但仍要服从于"人们的联合"这一特征。传统企业被认为是建立在资本回报基础上的,作为"人的联合"就意味着决策系统是基于人而不是资本。因此,这些人在内部决策过程中都被认为是平等的。虽然可以把这种日常管理授权给专业管理人员,但最终还是这些人进行决策,共同控制企业。(逍遥·罗兰滋:《资本与债务陷阱——向全球危机中的合作社学习》,中华全国供销合作总社国际交流促进中心译,中国商业出版社,2014,第137页)

旧、被中间环节赚取高额利润、抗御自然风险能力差成为我国农业的"老大难"问题。此外,依靠单个小农户去"闯市场、跑销路",不仅很难找到门路,难以打进城市高端市场,还可能面临"被城管驱赶"的尴尬境地,"一年辛苦换来一把辛酸泪"成了势单力薄的小农户面对日趋专业化、集聚化市场的真实写照。

目前,我国已经完成了脱贫攻坚、全面建成小康社会的历史任务,乡村振兴的大幕已经拉开。然而,我国农业生产依然是以小农户生产为主体,小农户面对大市场、小农户面对大产业、小农户应对农业技术革新的格局并未发生根本变化,这是一种相当落后的制度形态,在完成工业化的国家中甚为罕见。数以亿计的小农户不仅要受到中间商的盘剥,还要面临自然灾害、市场波动等风险。他们要从高度垄断的工商企业手中购买农药化肥等生产资料,在整个交易过程中缺乏议价能力。他们只能将初级农产品卖给资本密集型和技术密集型的高附加值加工企业,获取微薄的收益。他们要势单力孤地面对所有生产领域的不确定性,承担最大的风险成本。缺乏面向普通农业生产者的,提供生产、销售、金融、技术改进等一体化服务的资源互助型组织,成为我国农业农村领域诸多问题产生的制度根源。乡村振兴、乡村活力的激活、食品安全保障、更加公平的城乡收入分配结构的形成等都与这个基本制度有很大关联。在乡村振兴背景下,农村各类资源的巨大开发潜力日益显现,城市资本加速进入农村,这就要求建立具有一定规模的合作组织,为小农户提供经济社会权益保障。

专栏:小农户进入市场的困境[①]

国家发展进入"工业反哺农业,城市反哺农村"阶段后,随着"三提五统"的取消,国家施行粮食补贴、良种补贴、农业综合补贴、建设社会主义新农村、美丽宜居乡村等政策措施,大量资金涌入乡村。与此同时,乡村存在集体资

---

① 吕程平、刘相波:《"中层结构缺失"与区域发展型组织——基于山西省大宁县股份经济联社的考察》,《哈尔滨工业大学学报(社会科学版)》2021年第2期。

产监管不到位、村干部违法乱纪、变卖集体资产、"一言堂"、集体经济疲弱等问题。

由于市场层级性的高昂前置成本，小农户普遍难以进入高收益市场，获得资源垄断型收益或资本市场收益。所谓市场的层级性，即不同收益水平市场之间是呈层级化分布的，不同层级之间相对区隔，每个层级间的差异代表着参与主体收益量级的差异。或者说，市场是内嵌于财富、资本、权力的不均衡分布之中。不同层级市场之间有事实上的准入要求。这个准入性要求在本质上规定了参与交易者须具备的能力和水平。简言之，分散的、较低数量级的低质资源拥有者是不可能成为高层级市场的真正参与者的。单个农民拿着细碎的林地、农地或资金，不可能直接进入规模化运营的收益市场，更不可能进入资源资本化的收益市场。只有少量积蓄的普通农户，不可能进入本地自然资源开发市场，获得高回报率。

而在我国，市场层级化分布往往和产业的层级化分布重合，这就意味着在收益分配上不同产业及产业内部的层级化。细碎的、分散化的资源拥有者，包括缺乏组织和市场的劳动者，一般只能困于低层级市场，如在土地开发过程中，农民获取的一般为基于农业生产收益评估的补偿金。其原因就在于，单个农户不具备进入高层级市场交易的资格。农地的高层级开发，如以农产品深加工为代表的农业二产化开发、以旅游康养为代表的农业三产化开发，乃至进入资本市场和自然资源开发市场，都需要基于资本水平和市场规模的开发能力，这就构成了上文所述的每个市场层级的"准入资格"。在特定层级内的收益水平具有上限的天花板值，以农业来看，这样的天花板值基本等于某一单位均质农产品因供需波动引致的收益高峰值。如果不能找到进入更高层级市场的门路，特定农户通过增加超过同层级其他农户投入的方式改善农产品质量，如采用更加费时费力的有机农业方式，必然得不偿失。如此一来，以粗放型的、环境不友好的竞劣的方式投入反而成为合理的选择。

第二节 合作社原则

根据2017年最新修订的《中华人民共和国农民专业合作社法》(以下简称《农民专业合作社法》),农民专业合作社,是指在农村家庭承包经营基础上,农产品的生产经营者或者农业生产经营服务的提供者、利用者,自愿联合、民主管理的互助性经济组织。我们结合1995年国际合作社联盟提出的"合作社基本原则"(也称"曼彻斯特原则")来做一些展开。

(一)"自愿和开放的社员"原则

此原则强调的是加入合作社的自愿性,是一种自愿联合,而并非强制参与。只要认同特定合作社的目的、章程,有利用和维护合作社的意愿,愿意履行相应的义务,都可以参加合作社。而任何基于种族、性别、政治或宗教的信仰的排斥都是不被允许的。我们也可以简单称之为"自愿性"。

什么人可以利用合作社呢?逍遥(Claudia Sanchez Bajo)、罗兰滋(Bruno Roelants)认为,他们是社会中不同的"利益相关者"群体,可以包括[①]:

✓ 银行账户持有人(私人、农民、小业主、中小企业所有者等),希望以高水平的担保、最可能优惠的利率、最好的服务,来储蓄、获得信贷或保险,在当地(特别是农村和偏远的地区)确保金融服务的持久。

✓ 基础设施的使用者,特别是在农村和偏远地区,如水、电、电话等的使用者,想要保证这些服务的畅通并在一定水平上能控制价格;

✓ 想要在他们的城镇及村庄保证拥有永久商业设施,以及/或者保证他们消费的产品的价格和质量的消费者;

✓ 在竞争激烈的工业或服务业,那些想要稳定就业的人们,或者那些想在企业面临风险时还保有工作的人们;

✓ 想要联合采购农产品或共享农用机械的农民;

---

① 逍遥(Claudia Sanchez Bajo)、罗兰滋(Bruno Roelants):《资本与债务陷阱——向全球危机中的合作社学习》,中国商业出版社,2014,第138-139页。

✓ 想要共同销售水产品,共享经销配额及捕捞区域的渔民;

✓ 手工业者,如面包师、技师或泥瓦匠、小商贩,或者那些想要共享一系列服务的自营人员,如医生、律师或建筑师;

✓ 想以合理的价格在选定环境下寻找住房的人;

✓ 想要以经济上可持续的方式进行并有效控制文化或体育运动的人们(如乐队、民间剧团、足球队等);

✓ 想要确保拥有基本公共福利的社区居民,而这些服务不能(或不再)由政府安排,和那些想要对这些服务的质量、服务的地理范围和长期可持续性等保持足够控制的人们。

(二)"社员民主控制"原则

这里说的是合作社的"民主性"。合作社是一个由社员民主管理的组织,不能搞"一言堂",任何关于合作社的重大事项的决定过程都应该由合作社成员共同参与。简单地说,这是大家伙共同的事情,不能一个人说了算,要体现社员共同利益。一般合作社都会设立"社员大会",社员就通过社员大会进行民主管理。需要注意的是,一般来讲,社员的权利是平等的,不能说谁更强势谁就对合作社有更高的话语权。但是,由于社员与合作社交易的额度有差异,社员入股也有多少之分,这也就意味着,不同社员面对合作社的运营决定,所要承担的风险也是有显著差异的,因此,社员的投票权重应当不同。在实践中,有合作社通过设定最高认股限制,避免出现权力过于集中或资本控制的现象。

民主管理中最重要的事项就是合作社经济事务的管理,特别是合作社资本的投资、使用方向,合作社资金筹集的方法,合作社盈余的分配办法等。经济民主的实现,是合作社作为"人的联合"的保障。

(三)"社员经济参与"原则

所谓"经济参与",指的是社员要向合作社投资,而且投资必须是以公平方式进行。通过经济参与,社员与合作社成为一个共同体,使得社员有动力关注合作社事业。合作社社员向合作社投资有三种方式。第一种是社员向合作社入股,可以一股或是多股,但一般不获得红利。第二种是合作社可以从运营盈余中提取公积金,以满足未来合作社发展需要,也可以视为社员整体上对合作社的投资。第三种为追加投资,也就是当合作社发展中遇到较大资金需求时,可以要求社员进一步投资,社员可以获得相应的补偿。

合作社与一般企业的一个显著区别是,一般企业是按照"资本控制劳动"的原则运行,谁出钱多,就有更大的企业控制权;而对于合作社来讲,资本是为人服务的,合作社运营的目的是满足社员的需求,合作社资本的使用应该服从于民主管理原则。经济参与还有一层意思,即鼓励合作社成员利用合作社的服务,如购买合作社产品、生产资料,利用合作社的运输服务,也就是说合作社社员与合作社发生经济交易,正是通过这样的交易,合作社才可能生存下去。这是因为合作社的最大特点是,合作社的所有者(社员)也同时是合作社提供服务的使用者,二者身份同一[①]。为了鼓励这样的交易,合作社按合作社社员与合作社的交易额进行返利,也可称为按交易量分红,这也是合作社的重要内在激励措施。

专栏:雇佣制与合作制的区别

劳动者与一般企业的关系是雇佣关系,只获得劳务收入,而合作社则是由社员共同所有,合作社成员除根据参与合作社劳务情况获得劳务收入外,合作社的收益要根据社员与合作社的交易情况进行返还,并根据投入股金情况进行分红。也就是说,从理论上讲,合作社成员收益可能包括三部分:其一为劳务收入,其二为按交易额返还的收益,其三为股金收益。

劳务收入部分,虽然无论一般企业还是合作社成员参与生产劳动获得的劳务收入都是按照一定劳动单位、社会一般工资水平核发,但也有些劳务可以进入按交易额返还的部分。以依靠社员劳务投入开展业务的工程管护合作组织为例,劳务收入分配体现为按照社员参与维护性劳务的水平进行工程

---

① 张晓山、苑鹏:《合作经济理论与中国农民合作社的实践》,首都经济贸易大学出版社,2009,第8页。

盈余返还,在广义上也可以认为是"按劳分配"性质,是合作社所有者对事业收益部分的"按劳分配",是更高层级的、体现其组织"主人"地位的按劳分配。而在私营公司,劳动力成本之外的盈余部分的分配,被雇工人是无权置喙的。

(四)"独立自治"原则

合作社是由社员所有的、按照民主管理方式运行的互助组织,合作社在法律允许的范围内如何运行、如何发展,应当体现社员的需求和愿望,而不应当受到外力的干涉。在现实生活中,很多合作社事实上成为外部企业的附庸,丧失了自主性,这是与合作社的基本原则违背的。合作社可以与外界经济主体保持互动关系,但这样的互动协作关系应是在平等互利的基础上达成。本质上讲,合作社是"自由人的联合",并以此实现共同利益的组织。

(五)教育、培训和信息服务原则

这条原则看似与合作社经济活动关系不大,但正体现了合作社作为"人的联合"的特征。从根本上讲,合作社是以满足社员的需求,服务社员的发展为目的。合作社的管理能够落实,需要形成一种"人人为我,我为人人"的文化,由于合作社与一般企业有本质的不同,需要让社员首先能认同这样的合作文化,认同合作社的管理理念,自觉参与合作社事务,否则合作社的各种原则和管理也就无法实施。

在各地调研中,我们发现,凡是运行较好,能实际发挥服务社员、服务农民作用的合作社,都重视文化建设、重视社员教育,合作社内部形成较强的凝聚力。从另一个角度讲,教育不一定是以"有形"的方式进行,将分散的生产者组织起来,实现服务业、运输业、商业、金融业等各领域的合作,实行民主管理、鼓励共同参与,这本身对社员就是一种教育培训。

(六)"合作社之间的合作"原则

地区之间、行业之间的合作社可以通过"合作"增强抗风险能力、开拓市场能力,最终更好地服务社员。事实上,国际合作社事业一开始就是在资本主义经济浪潮中处于相对弱势群体的合作,他们通过合作增强生存能力。当今单个的村级农民合作社,面对广阔的市场,仍是十分渺小,实在无力赢得市场的话语权,而通过更广泛的、具有相同理念或能达成行业互补的合作社联合,逐渐成为一种趋势。这样的合作,可以发生在同类型合作社内部,也可以发生在商业服务型合作社(信贷、保险、技术服务)与生产型合作社之间,或消费类合作社、生活服务类合作社(住宅、托儿、养老)与销售合作社之间。

实际上,这条原则是1966年国际合作社联盟23届大会上增添进"合作社原则"的,当时全球化风起云涌,跨国公司在国际经贸领域独占鳌头,经济体间竞争日趋激烈,合作社要想在市场经济中占有一席之地,就不能闭门造车,要和各类合作组织、公司之间开展跨地区、跨行业的合作,从而取得规模经济效益。

目前,在中国,一个由生态农场、从事生态农产品经营的合作社、有机销售平台共同组成的超级合作社联合体渐具雏形。而作为跨越韩国22个地区全境,由2000多名生产者、63万多名消费者家庭共同参与的韩国韩莎林合作社,则成为国内CSA(社区支持农业)合作社联合的一个榜样。这些加入韩莎林合作社的各地消费者合作社和生产者合作社都秉持着相同的理念——"生产者保护消费者的生命,消费者保障生产者的生活"。这个超级合作社拥有韩国人口总数的2.55%的社员,销售2000多种产品,包括谷类、水果、蔬菜、水产、加工食品和生活用品等。

(七)"关心社区"原则

通过个体间的互助合作,增进人类福祉是世界合作社运动一直追求的价值,这样的价值落实在具体可及的层面,就是合作社扎根于社区,关注社区,并以合作社各项事业带动社区发展。当然,这个原则不仅对合作社的运行具有理念层面的意义,对于中国当地农业农村问题,也有重大的现实意义。东亚农村,与地广人稀的美国农业地区有个显著的不同。我们的村庄人口密集,人均耕地面积很有限。我们的很多村落,如果你去追溯它的历史,也许能追到几百年前,甚至数千年前。河南漯河舞阳北舞渡镇贾湖村著名的贾湖遗址,发现了新石器时代的炭化稻米、稻壳,以及石磨盘、石铲、石镰等农具,那里从八九千年前就开始有成熟的作物生产和纺织。可以想象,当时的人类先祖为了在蛮荒自然中探寻文明之光,一定是以合作方式来进行这些活动的。

有这样悠久的农耕和村落文明历史，使得在我国的村落与生态环境是紧密联系在一起的。而一个由乡亲自发组织起来的农民合作社，必然要和村庄发生各种各样的联系，必然要和村"两委"、集体经济组织、村里的企业和协会发生各种互动。一个健康发展的农民合作社，一定是从社区中"生长"出来的，并能为社区带来持续的活力。

值得一提的是，当代乡村建设过程中一些颇具历史的农民合作社，其实并不是一开始就开展经济上的合作，而可能是先从文化活动，如唱歌、跳舞开始，这些看似和发展经济关系不大的活动，其实为之后合作社发展提供了特别宝贵的组织经验、人才队伍和向心力。毕竟中国农民自分田到户之后，已经散了几十年，要想再把大家组织起来，已经不是那么容易，而先从大家都认可又愿意参与的社区文化活动做起，最容易聚拢人心。

农民合作社的一个优势或者说它的活力正是在于它的乡土性，它是扎根于社区内部的。相较于公司化的农业经营而言，合作社的生产很多还是基于一家一户的生产，而单个农户的劳动投入是不计成本的。同时，合作社提供的社区服务与它的经济业务是密切联系、相辅相成的。这都是其社区性的反映。那么，同样应当注意的，合作社的发展不宜过于超前。贸然发展一些看似"美好"，严重超过村子居民本身的认知水平、经营管理能力的项目，很可能会遭遇失败。

即使在合作社进入成熟发展阶段，关注社区仍然很重要。享受合作社服务（如购买农资、信贷业务）的人，或者说惠顾者，除了社员，还有普通的村民，要想增加合作社的交易量，很重要的一点，就是要能得到村民的信任。我们常说农村是"熟人社会"，别人愿意和你打交道，是对你的"信任"，是对你"知根知底"，知道你不会坑蒙拐骗。那么一开始的时候，怎么建立这种信任呢？一些合作社的理事长讲，他们是通过在村里开展老人赡养、关爱幼儿等社区活动，让村民感到合作社是为大家伙做事的，建立起信任关系，这样之后开展工作就会顺利很多。

专栏：世界上第一个合作社——罗虚代尔公平先锋社

1844年8月，世界上第一个合作社在英国罗虚代尔镇诞生了。19世纪三四十年代的欧洲，资本主义以它最残酷的面貌风卷一切传统行业，摧毁着一切旧世界束缚，资本主义经济危机更是让社会底层劳工陷入极端困苦的境地，工人运动此起彼伏，英国工人宪章运动、法国里昂纺织工人起义、德国西里西亚纺织工人起义都发生在这个时期。

这一时期，在离英国重要工业城市曼彻斯特40千米的小镇罗虚代尔，一场并不激烈，却同样影响深远的变革正在悄然发生。罗虚代尔镇曾是英国著名的手工业中心，但随着机器大工业成为生产领域的主宰，越来越多的小手工业者相继破产，丧失自由劳动的机会，沦为机器工业的雇佣工人，而大范围的经济危机使得很多工人负债累累、濒于绝境。

1843年，13名工人发起成立合作社——罗虚代尔公平先锋社，目的就是要通过合作改善经济状况，增进福利。到了1844年，合作社人员增加到28人，并正式举行了成立仪式。按照章程，每人缴纳1英镑股金。早期的罗虚代尔公平先锋社的业务也很简单，可以说是开了一个日用杂货店，社员可以每周六晚上在这里购买面粉、黄油等。

罗虚代尔公平先锋社确立的一些原则影响深远，比如社员平等，劳动控制资本，民主管理一人一票原则，每个人投票权不因投资多寡而产生差别；确定了盈余分配按交易量进行，也就是购买合作社东西越多，分红利越多；公平交易，保质保量；还特别提出了提取合作社盈余的2.5%用于社员教育。

随着第一个合作社规模壮大，其影响力也逐渐显现。各种类型的合作社开始在法国、德国、瑞士、意大利、美国等国出现，如德国的面包合作社、贫农救济合作社。1895年，国际合作社联盟在伦敦成立，并召开了第一次代表大会。在之后的100多年里，合作社运动可以说是风靡全球，其中涌现出很多优秀的典范，如西班牙蒙德拉贡合作社、日本农协等。

联合国大会宣布2012年为国际合作社年，高度肯定了合作社对社会经济发展的贡献。全球合作社在100多个国家拥有约8亿社员,在全世界范围内提供预计1亿多个就业岗位。在信用合作社世界理事会(WOCCU)工作框架下,4.9万个信贷机构在96个国家共为1.77亿成员提供了服务,欧洲合作社银行协会的4200家银行为1.49亿顾客提供了服务。挪威、新西兰和美国的农业合作社占奶业生产的80%~99%;韩国的合作社占渔业生产的71%;巴西的合作社占农业生产的40%。在农村地区,电力合作社发挥了主要作用。在孟加拉,乡村电力合作社服务了2800万人。在美国,900个农村电力合作社服务了3700万人并拥有农村配电线路的几乎一半。(中国供销合作网,https://www.chinacoop.gov.cn/html/2010/02/22/40362.html,访问日期2023年11月12日)

应该看到,早期合作社基本是在工业化浪潮和市场竞争中处于弱势地位群体的联合。几年前,日本基层农协一位负责人到清华大学讲课,这位负责人说得很明白,那些"到哪里都能有办法的人,是不需要参加农协的",基层农协更多是相对弱势者的联合。即使是现在,那些看似规模不小的国外大农场主,在市场面前仍是弱势者,就需要通过合作来求得生存。

第三节 合作社的分类与综合合作社发展

(一)不同的合作社类型

按照合作社主要活动领域可以把合作社分为几类:以组织社员从事种植、养殖、畜牧、加工、建筑等生产活动的生产合作社;为社员提供融资服务的信用或储蓄合作社;提供生活或生产物资购销服务的供销合作社(消费合作、运输合作、购买合作等)。按照不同国家合作社的模式来看,又可以分为欧洲模式、日韩模式、美加模式。应该看到,农业合作社在这些国家都发挥着重要作用。法国90%以上的农民都参加了农业合作社。日本农协体系供给农民生产资料的74%，农户通过农协销售的农产品达到了农民年销售量的90%。美国全部出口农产品的七成是通过农产品购销合作社进行的。

苑鹏认为中国农民专业合作社可以分为两种基本类型：第一种类型是由农民组成的合作社；第二种类型是由农民及为合作社提供业务服务的企业领办者共同组成的合作社。第一种类型，农民是生产者，也是合作社的利用者，是与国际主流农业合作社结构类似的合作社类型。第二种类型中，非农生产者可成为合作社正式社员，且一般为合作社的发起者。他们多是与农业生产经营者（农户）有紧密业务联系的，为农户提供产前、产中和产后服务。

在我国，第二种类型广泛存在，具体可以分为三种情况。第一种情况是以农产品加工企业为代表的实业资本领办的农民合作社。这类合作社的领办企业会与农户形成长期原材料供应合约，约定生产计划、产品品种、规格、交货时间等。合作社实质上是企业的原料基地。合作社内部缺乏自主决策能力，由企业控制产品市场、生产管理、投入品采购和产品销售等环节。第二种情况，由农产品经销商（中介、代理商、经销商、批发商）、农资供应商、技术推广商等领办的合作社，农户是其稳定的客户群体。商人领办的合作社通常对入社农户有所承诺：保证其所提供的产品（农资）或服务，优于农户个体经营。同时，这类经销商也减少了农户与复杂市场的交易成本。第三种情况，由投资商领办的农民合作社，投资商主要期望获得土地资源发展加工业和旅游业。一般会形成土地股份合作社，农户以承包土地入股，投资者以现金入股，同时投资商承诺入股农户优先获得合作社就业机会或高于市场价的产品收购权，并保证不低于农户自我经营的土地租金[①]。

如上几种类型，农户一般都能依据协议获得不低于单家独户与市场交易的收益，或在某些环节降低了经营风险，但作为生产者的农户群体本质上是一种依附性存在。作为合作社领办者的大户、企业、商人等本质上是要通过这种形式追求资本收益或要素报酬，在其承担主要经营风险的同时，也获得

---

① 苑鹏：《中国特色的农民合作社制度的变异现象研究》，载仝志辉主编《农民合作社发展中的问题与法律规制》，社会科学文献出版社，2016，第57-62页。

了剩余收益的归属权。那么,在微观层面,小农户与领办人群体之间的经营收益差距不是缩小,而是扩大了。如果说,在脱贫攻坚阶段,"公司+合作社+农户"模式成为各地推崇的降低市场风险、带动农户脱贫的手段尚有其合理性,那么在实现共同富裕的进程中,这种模式已经呈现出不适应性。

从国外合作社的主要模式来看[①],欧洲模式以德国、荷兰、法国为代表,以农业专业合作社为主体,根据特定产品和服务来设立合作社,如奶业合作社、小麦合作社、销售合作社或收割合作社,这些合作社一般规模较大,也涉猎生产、供销、信贷、保险、社会服务等多个领域。合作社与政府有较为紧密的关系,成为承接政府财政支持的平台。日韩模式以日本、韩国、泰国、印度和我国台湾地区为代表,日本农业合作社简称"日本农协",是承担生产、销售、信用、社区发展等多种功能的全国性组织。同属东亚地区的日本、韩国农业农户规模较小,农协在农村生产、生活中发挥重要作用,并具有半官方的属性,承担着农业政策具体执行的功能。日本农业结构调整、农业补贴实施、农业技术的推广、低息贷款的发放等都是通过日本农协完成。美加合作社模式以大农场、跨区域专业化协作为特点,提供仓储、运输、加工、品牌建设、销售的一体化服务,体现了高度产业化运营水平。

案例1:党支部领办合作社

根据新修订的《中国共产党农村工作条例》,村党组织书记应当通过法定程序担任村民委员会主任和村级集体经济组织、合作经济组织负责人。村党支部领办合作社,就是由村党支部代表村集体注册成立农民专业合作社,村集体以集体资金、资产、资源入股,群众以劳动力、土地、资金等入股,把群众组织起来规模经营、抱团发展,建立起村集体与群众利益共享、风险共担的经

[①] 卫书杰、姬红萍、黄维勤主编《农民专业合作社经营管理》,中国林业出版社,2016,第7页。

济利益共同体①。

贵州省毕节市大方县在推进党支部领办合作社时,提出"四个优先",即产业资金优先向村集体合作社倾斜,支持政策优先向村集体合作社保障,符合条件的各类项目优先交给村集体合作社实施,农业产业保险优先向村集体合作社覆盖,富集市场发展要素,着力打造具有市场竞争力的"活力社"。建立独立自主经营、合股联营、对外承包经营、进行统购包销、发展订单农业、开展生产托管服务等多种发展模式,鼓励支持党支部领办村集体合作社做大一产、做强二产、做活三产,推动产业"接二连三",示范带动发展辣椒、经果林、食用菌等优势产业,带动合作社发展乡村旅游、商业贸易、产品加工,实现党支部领办村集体合作社多业态、多样化发展②。

专栏:日本农协的综合事业③

日本农协的事业可以分为三种类别:金融事业,生产资料购买及农业指导事业,社区养老、生活服务、医疗保险事业。农协在业务上是生产、加工、流通、贮藏、销售等多种业务的兼营。在横向上各种业务之间不仅是相互联系的,而且是相互促进的。这种追求协作的业务方式,体现了业务活动之间的合理性。比如农协指导生产及各种活动所需的资金,可以通过农产品贷款的回收或通过来自信贷业务的资金融通,在农协内部得到解决,而不必向商业银行申请利息较高的贷款④。

---

① 王刚、陈雨晴、崔伊婧:《党支部领办合作社 激活乡村振兴内生动力》,农业农村部网站,http://www.moa.gov.cn/xw/qg/202009/t20200930_6353710.htm,访问日期:2022年3月15日。
② 李华梁、付世玉:《大方:聚焦"三大目标"抓好党支部领办村集体合作社》,人民资讯,https://baijiahao.baidu.com/s?id=1698356565368461941&wfr=spider&for=pc,访问日期:2022年3月15日。
③ 于秋芳:《现代日本农协的发展变迁研究》,安徽师范大学出版社,2012,第138页。
④ 范三国:《国外的农业合作组织——以日本为例》,中国社会出版社,2006,第48页。

1.金融事业

农协金融事业包括信用事业和农业保险事业(共济事业),它们对农协发展起着至关重要的作用,农协其他事业运营产生的赤字由金融事业弥补。农协把农民农产品销售后所得货款直接打入农民在农协信用事业的户头里,农民购买生产资料所需资金则从户头里扣除。购买农业生产资料的资金也可以从农协贷款。农协信用系统通常以略高于私人银行利息的优惠利息吸引农户存款,并以低于商业银行的利息发放农户贷款。农协的保险事业包括生命保险、农业保险、养老保险、住宅保险、汽车保险等。这对于深受各种自然灾害侵袭的日本农村来说是异常重要的。

2.生产资料购买及农业指导事业

这个板块事业是与农业生产关系最为紧密的部分。农协为社员生产的农产品提供统一销售服务,根据市场行情预测,对价格不稳定的农产品有计划地生产,并尽量在行情有利时进行销售,以保证农户收益,避免了小农户经营的盲目性。农协对农业生产需用的生产资料统一购买,这种有计划的规模性购入保证了优惠的价格与较高的品质。同时,农协也注重对环境友好的农药化肥的研发与利用。为保障食品安全,农协还开展了与城市消费者对接的直接销售业务。

统一销售农产品是农协的重要日常工作之一。农协销售的方式有超市销售、批发市场销售和直接销售。通过集中销售既可以防止中间商的压质压价,保护农民利益,还能够促进农协与中间商之间形成计划销售体制,并建立起相互依存和信赖的合作关系,使农协的生产更加有组织性和计划性,避免盲目生产。

农业生产资料合作购买的产品主要是肥料、农业机械、农药等农业生产必需品。农业生产资料的合作供应事业任务是有计划地以较低的价格批量购入生产、生活资料,再以公正的价格向农民提供。社员向基层农协预订商品,基层农协再向县级农协订货。由更高层级的农协出面大量预购,与厂家交涉,争取优惠价格。另外,农协还通过自己开办公司和向企业入股的方式生产农药、化肥等生产资料,提供给农民。

农协还对农业生产进行技术方面的指导,包括生产计划制订、农业生产骨干的培育、环境友好型农业的推广。农协广泛的生产服务情况也为兼业化、高龄化的日本农户提供了诸多便利,使其可以方便地购买农业资料和获得农业贷款,只需要花很少时间打理农业。

3.社区养老、生活服务、医疗保险事业

日本农协还承担着医疗保险、老年人服务、生活服务、教育、旅游等多元功能,这对于老龄化严重的日本农村地区来讲,有着不同寻常的意义。日本农协的成员一般要求是当地农民,因而,农协生活服务在当地福利、交通、教育等方面发挥着重大作用。日本高速增长时期农户购买品的农协利用率见表1-1。

表1-1 日本高速增长时期农户购买品的农协利用率(%)

		1960年
生产资料	肥料	74.1
	饲料	36.1
	农药	74.3
	农用机械	19.8
生活资料	食用品	11.5
	衣料品	2.3
	其他	14.5

(来源:于秋芳著《现代日本农协的发展变迁研究》,引用时有部分调整)

案例2:南乡镇陈塘村生态种植合作社

陈塘村地处广西横州西津湖畔,这里出产的"大头菜"远近闻名,还曾经获得巴拿马国际农副产品展览会的银奖。陈塘村生态种植合作社的前身是陈塘村有机农业种植协会。2005年,香港社区伙伴来村里考察,检测后认为这里的气候、空气和土壤条件都适宜发展生态农业。之后徐华朝、梁秀群等

5个农户就率先开始生态水稻的试验,成立了种植协会。由于长时期使用化肥农药,改用生态农业后,不仅产量下降,虫害也愈发严重。当时正担任村支书的徐华朝非常苦恼,在技术上想了很多办法,他一边向老一辈农民请教传统耕作方法,一边利用自制有机肥、辣椒水、诱虫灯等在自己的两亩试验地里做尝试。功夫不负有心人,土壤悄然发生变化,"蚯蚓可以松土,青蛙可以捉虫,土壤就像人一样有自己的免疫系统和调节能力。"

随着生态水稻种植逐渐闯出一条路,品质提升、产量稳定、市场打开,因此吸引越来越多的村民有兴趣加入,生态种植合作社正式成立,社员50多户,150多亩种植规模。合作社主要从事两方面工作:

第一,推动社员生态种植。主要通过技术培训的方式,帮助社员进行种植方式的转换,合作社统一供种、统一田间技术辅导和管理。使用冬种绿肥、自制有机肥等化肥替代技术,并由合作社统一购进骨粉、鱼粉等原料配制有机肥发给社员;使用自制植物性农药、生物源杀虫剂,并用辣椒叶、断肠根等十多味草药配成溶液给农户使用。

第二,为农户统一销售生态农产品。要想让生态种植合作社持续下去,开拓销售市场非常重要。生态产品销售市场打开,信任感建立最关键。为了与城市消费群体形成稳定的信任关系,合作社在早晚稻收割后会举办两次稻米品尝活动。邀请全国消费者来品尝稻米、参观种植、了解合作社各项工作运行。这样做一方面是让消费者心里踏实,通过和消费者交流,让他们了解耕作过程、合作社的工作;另一方面,要让消费者做裁判员,品尝各种品种稻米,进而增加口感好的品种的种植,淘汰落后品种。这样的活动,本身就是非常好的宣传话题,通过媒介和消费者群体传播,形成口碑效应,有利于扩大生态产品销售范围。

(二)综合型合作社与专业型合作社

按照合作社的经营范围,可以分为综合型合作社和专业型合作社。

综合型合作组织,是指为社员提供产品购销、信用保险、生产服务、生活服务等综合功能的合作社。近年来,多地鼓励农民以土地、林权、资金、劳动、技术、产品为资源,开展多种形式的合作尝试。在一些地方还出现了积极发展生产、供销、信用的综合合作社。在增加资产性收益方面,可以尝试将财政性收入通过入股农民合作社、集体企业等,实现"股权量化、按股分红、收益保底",使农户能够作为股东获得股息,增加其财产性收入[①]。

专业型合作社,是指以从事专门服务为目的成立的合作社。然而这样的定义,在实践中已经被大大突破了。根据2017年12月修订的《农民专业合作社法》第二条规定,农民专业合作社,是指在农村家庭承包经营基础上,农产品的生产经营者或者农业生产经营服务的提供者、利用者,自愿联合、民主管理的互助性经济组织。第三条,农民专业合作社以其成员为主要服务对象,开展以下一种或者多种业务:(一)农业生产资料的购买、使用;(二)农产品的生产、销售、加工、运输、贮藏及其他相关服务;(三)农村民间工艺及制品、休闲农业和乡村旅游资源的开发经营等;(四)与农业生产经营有关的技术、信息、设施建设运营等服务。

社区综合性合作社是由地区农户全员参加,为社员提供生产生活全方位综合性社会化服务的体系。东亚地区的日本、韩国和我国台湾地区的农民合作社多属于这种类型。2014年,在中华全国供销合作总社成立60周年之际,习近平总书记作出重要批示,要求供销合作社要全面深化改革,办成"服务农民生产生活的生力军和综合平台"。2015年中共中央、国务院发布《中共中央 国务院关于深化供销合作社综合改革的决定》,对供销合作社系统进行综合改革作出了全面部署,要求改革后的供销合作社成为"党和政府密切联系农民群众的桥梁纽带"。为了扎实推进供销合作社改革,国务院启动了山东、河北、浙江、广东四省供销合作社综合改革试点。2017年中央一号文件首次提出要加强农民合作社规范化建设,积极发展生产、供销、信用"三位一体"综合合作[②]。

---

① 仝志辉:《构建服务农户为主的农业社会化服务体系》,《中国合作经济》2015年第1期。
② 徐祥临:《乡村振兴的基础理论与应用》,中国建筑工业出版社,2019,第180页。

专栏：为什么要推动"综合型合作社"发展

长久以来，所谓"三农"问题和农民弱势性，是一种机制性的贫乏，或者说，农村发展缺乏相应的制度设计和组织化建设。这点并非仅靠经济上短时期的支持所能解决的。在日本、韩国和我国台湾地区，综合性农协为农区基本的制度配置。

这三地的基层农协（农会）吸纳了当地社区90%以上的农民，并以"制度设计上的政治性、经济性、教育性与社会性多目标连环互补"为特征。农协制度在指导、协助农户应对市场变化，避免小农经营的盲目性和中间商盘剥，引入优质技术改善农业产品质量，保障农户收入方面都发挥了显著作用[1]。此外，农协还通过信用服务给处于困难时期的农户提供资助，在农村设立保险事业和医院，保障农户生命和健康权利。任何权利的实现，都要有资源的配置体系，或者说制度体系为支撑。在这方面，国内已经出现了不少有益尝试。浙江瑞安自2006年开始试点的生产、供销、信用"三位一体"农村合作社改革，以低成本方案增强了农户信贷的可获得性、保障了农资农技的可靠性，改善了农业生产的可控性，将制度建设内嵌于农业生产内在的关联性之中。

发展中国家的脱贫经验表明，便捷、可靠的生产性小额贷款分发机制，是城乡贫困群体可持续脱贫的重要手段。在我国农村地区的小额贷款由于运行机制与城市金融有显著差异，一直是商业金融鲜少涉足的领域。在浙江瑞安农村，通过合作社内部资金互助部门的担保，以基于社区内部紧密人际关系的互助担保模式，给普通农户提供担保。农村小额金融之所以裹足难行，不仅在于缺乏担保标的物，事实上即使房产、地产可以通过规范产权成为抵押物，城市商业银行也面临着难以执行的困境。而浙江的经验恰恰在于将贷款银行的有效交易对象改变为合作组织，从而降低了风险。

"三位一体"综合农村合作组织还提供了一种"市场稳定"机制，借助其半

---

[1] 杨团：《此集体非彼集体——为社区性、综合性乡村合作组织探路》，《中国乡村研究》2018年第1期。

官方背景，直接与当地农产品批发市场对接，设立当地特色农产品专卖窗口，保持综合农村合作组织对市场定价权的影响力，避免因市场波动和被操作导致的农户收入不稳定。虽然浙江经验仍处于尝试阶段，但已经能够较清晰看出其对日本、韩国综合农协模式的借鉴。而日本农协最核心的经验在于通过相对弱势者的联合，形成市场势力，保护农民收入在社会收入分配体系中足以维持尊严生活水平的比重[①]。

乡村振兴战略的实现，需要与之相适应的组织基础，需要有为乡村振兴服务的制度设计。当前，信用、农资、购销等各个涉农领域事实上归属于不同的制度体系；农技服务、农村教育、农村文化发展，归属于不同的部门体系，相互之间缺乏有效的配合，难以形成合力，而且高度依赖财政投入，农村内部的自发动力与能力远未充分培育与调动。不同规模农业经营主体之间也是各自为政，传统农耕社会的农户合作，早已很难看到，农村"空心化"问题日益突出。农业发展、农村治理、生态环境保护、化肥农药减量、"留守儿童"等问题，看似不相关，其实是缺乏有效制度供给在多个层面的表现。在这样的情况下，以地域为单位，以村"两委"为主导力量，将农户组织起来，发展生产、购销、信用、生活等多种层面的服务，成立"综合性合作组织"，通过财政激励手段鼓励其发挥乡村产业发展、大市场对接、国家惠农政策承接等功能，可视为乡村振兴的重要支持力量，也可成为新时代集体经济的重要实现形式。

在组织策略上，一方面可发掘、聘请村里有能力、有威望、有公心的能人作为合作社的"带头人"，借助村集体资产清产核资工作，将村庄资源量化入股。要让这样兼具集体经济和综合合作经济双重属性的综合性农民合作组织承担基层金融、保险、土地租赁、农业技术服务、农资购销、农产品销售等各项业务，从而使其能占有如上各种业务产生的垄断性收益，获得持续发展的动力。国家现在"令出多门"的惠农政策可以统一由这样的综合性合作组织对接，保证政策收益最大可能地由普通农户占有。同时，在与外来商业企业

---

① 吕程平、陈晶晶、刘相波：《社区综合性发展：构建"精准扶贫"长效机制》，《哈尔滨工业大学学报》（社会科学版）2018年第2期。

合作上,要以上述本土化的综合性农民合作组织为主体,提升其谈判地位和博弈能力,避免以损害农村持久发展为代价的发展模式。

第四节　农民合作社能做什么?

"产业兴旺、生态宜居、乡风文明、治理有效、生活富裕"是乡村振兴战略的总要求。农民合作社,特别是综合型农民合作社,能够在乡村经济建设、社会建设、生态文明建设和文化建设中,成为重要的制度供给,应当成为乡村振兴各项工作的有力抓手。

(一)提升相对弱势群体的市场竞争能力

合作社自诞生那天起,就以改变无产者、小生产者在经济上的不对等地位为使命。这样的诉求,在当今中国仍有现实意义,不论是农业生产、农资购销、农业融资,还是农产品销售,可以说都是在跨区域的巨型市场空间内进行。市场呈现跨地域的层级化分布,大型农产品经销商、大型电商平台垄断着市场话语权,控制着市场的定价权。分散化的、孤立态的农户,就算是面对走村串乡的商贩压级压价收购,也常无力还击。一年辛苦,一把辛酸!说到底,小农户面对市场缺乏基本的谈判权、话语权,只能成为各种中间商盘剥的对象。

在商业资本与农户之间的不平等交易中,农民一般只获得其产品最终销售给消费者价格的相对低比例,相当部分的利润被中间商所占有。[1]

通过比较成本利润率,可以明显看出目前在中国蔬菜流通中利润在各流通主体间分配不均衡的现象。与农民相比,批发商的成本利润率要高出6~10倍,零售商的成本利润率高出5~7倍,农民的利润要受到季节、气候、供求、生产资料、生产技术等多种因素的影响,且最不稳定。批发环节和零售

---

[1] 黄宗智:《小农户与大商业资本的不平等交易:中国现代农业的特色》,《开放时代》2012年第3期。

环节的价格波动很有限,利润空间相对稳定①。换句话说,受不确定因素影响最大的农户在整个农产品销售中获利远低于批发商和零售商。而后两者一般有更好的经济条件。借用扶贫领域的"益贫式增长"的概念②,我们可以将其视为一种非"益农"式交易。

我们可以将这样的农产品销售视为财富的相对的"累退式"转移,即财富相对地由"不太富"的个体转移到"不太穷"的个体。或者说,财富的增长率与风险的承担程度成反比,财富的增长率与经济实力成正比。

农产品销售方面,农户面临的是向上的层层代理,而对于种子、化肥、农药等农资产品购买,农户面临的则是向下的层层代理。据统计,一袋化肥或种子要最终达到农户手中,要经过5道代理商层层加价,拿到手的价格可以达到成本价的两倍以上。被层层盘剥还不算,假种子、假农资等事件也时有发生,让农户苦不堪言。

正是在这样的背景下,农民合作组织,事实上成为小农户与外部市场、资本、技术,乃至政策对接的有效制度设计。它一方面提升了小农户的博弈能力和谈判地位,提升了小农户对自身利益的追索能力;另一方面,降低了以上外部主体与农村社会的交易成本,提升了承诺的可信性。也就是说,农民合作组织使得更多有益于双方的交易能够发生,并降低了机会主义发生的可能。

合作社将服务社员、民主管理、平等团结等作为自身的重要价值,通过交易额返还等形式鼓励社员利用合作社提供销售、加工、金融等服务。合作社为社员所有,这就保障了合作社面向社员的非营利属性,这也是其与工商企

---

① 孙侠、张闯:《我国农产品流通的成本构成与利益分配——基于大连蔬菜流通的案例研究》,《农业经济问题》2008年第2期。
② 这里主要指绝对益贫式增长概念,即,穷人获得的增长的绝对利益要等于或多于非穷人获得的增长的绝对利益。见周华:《益贫式增长的定义、度量与策略研究——文献回顾》,《管理世界》2008年第4期。

业的本质性区别。这点张晓山与苑鹏有清晰的表述[①]:

农民加入农产品销售合作社,是想通过合作社销售出个人生产的农产品,并通过入社农户间的联合销售降低市场风险和成本、提高农产品的竞价能力,最终获得较高的销售收入;投资者投资建立农产品销售公司,是想向农民低价收购农产品,而后高价出售,投资者本人并不是农产品的生产者,他只是想赚农民生产者的钱。同样的,农民加入农用生产资料购买合作社,是想低价购买到个人再生产所需要的、有质量保障的生产资料,它通过社员集体大量购买、获得批发价而实现,并降低了社员的生产成本;投资者创建农用生产资料公司是为了低价购入农业生产资料,向农民高价卖出商品,获取批零差价,而他自己并不消费生产资料。再如,在农业服务合作社中,农民加入合作社的动机是以低价获得所需要的农业服务(如新技术推广),或者获得在市场价格下个人无法支付的农业服务(如家畜品种改良、大型农机具使用);投资者兴办农业服务公司则是要通过为客户服务来赚钱。在农业合作金融组织中,农民入股加入合作金融,是为了从组织中以较低的成本获得借款,银行家投资仅仅是为了赚取存贷差,而消费者在普通商业银行存款仅仅是为了获得利息,并不是像农民社员那样为了获得贷款。合作社的本质特征在于合作社的所有者与合作社业务的使用者统一,合作社是以社员——服务对象为本,而不是以股东——投资者为本。

黄季焜等指出,在欧美、日韩等地,"尊重当地农户,以当地农户为主体"是农村发展所坚持的重要原则之一。当地农民既是农村的主要建设者,也是最主要的受益者。因为农民最了解自身的优势、需求和存在的问题,农民参与农村发展不但使他们更清楚知道自身在发展中的角色定位,而且能制订出更适合本地和自己发展的计划和目标。欧美和日韩等地都先后成立"农协"或类似的农民组织,这些组织集生产、加工、销售、金融、保险等服务于一体,大大提高了当地农民的生产能力和市场竞争力。因此,提升农民的组织化程

---

① 张晓山、苑鹏:《合作经济理论与中国农民合作社的实践》,首都经济贸易大学出版社,2009,第130页。

度正是保障农户成为农村发展主体和受益者的重要制度设计①。图1-1为逐级代理销售示意图。

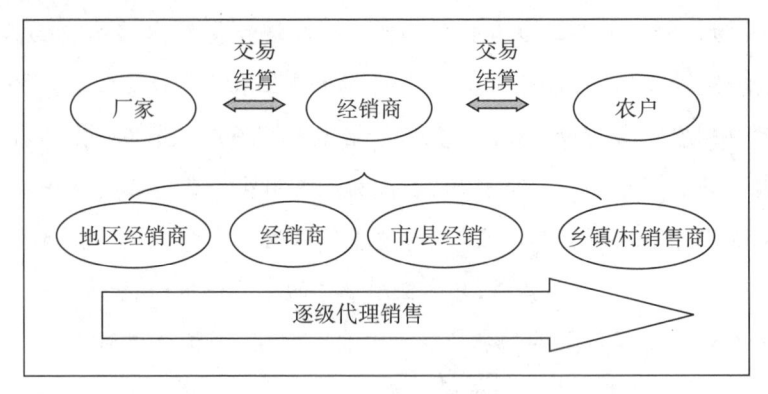

图1-1 逐级代理销售示意图

(图片来源:北京梁漱溟乡村建设中心提供,汪维行绘制)

案例3:山西大宁县股份经济联社承接黄河采砂②

2018年6月,大宁县集中国土、交通、水利、公安等部门,对黄河非法采砂开展了集中整治行动。在此基础上,当地筹备县级集体经济联合社,承接黄河采砂。2019年3月,大宁县六个乡镇各推荐两人组成采砂合作社筹备工作组,先由水利部门传达县委、县政府精神,"还权于民,统一抽砂,风险共担,由股份经济合作社负责统一采砂,让全县84个村委都受益"。

会议选举筹备组成员及组长(即之后的总社理事长)。2019年5月19日,山西省大宁县股份经济联合总社正式成立,总社由80个村级股份经济合作社出资组建。根据《山西省大宁县股份经济联合总社章程》,总社"资产主要由各村级社出资额组成,组成的资产量化到各社,作为各村级社享受集体收益分配的依据,所有权属各村级社所有,但经营权归联合总社所有"。

---

① 黄季焜、陈丘:《农村发展的国际经验及其对我国乡村振兴的启示》,《农林经济管理学报》2019年第6期。

② 吕程平、温铁军、王少锐:《深度贫困地区农村改革探索》,社会科学文献出版社,2020,第180页。

成立初期，总社资产总额为420万元，总股数为84股，涉及大宁县84个村级社，每股折价为5万元。各村级社可以自有资金入股本社。全县84个村级集体经济组织入股127股635万元。其中，昕水镇入股27.35股，136.75万元；三多乡入股33.04股，165.2万元；太德乡入股9.08股，45.4万元；曲峨镇17股，85万元；徐家垛乡24.47股，122.368万元；太古乡15股，75万元。值得一提的是，除按全县统一部署全县84个村级股份经济合作社以每股5万元入股外，还划出一部分股权份额，鼓励贫困户优先入股。

2019年10月5日—12月5日，共生产细砂20余万吨，产值600万元。其间，销售细砂7.18万吨，收入260.96万元，上缴国家税费13.47万元，计提安全费用7.18万元，计提工会经费0.57万元。从2020年开始联合总社黄河采砂净利润将在1000万以上。

按照章程，总社经营性净收入作为集体利润，在联合总社提取公积公益金20%（用于弥补损耗、扩大生产）后，剩余80%的利润按股分配给各村级社，之后由各村级社制定具体办法分配给各社成员。这也就意味着，大宁84个行政村，5万多群众从2019年10月份开始，就能陆续得到大宁县采砂收益。

2019年12月13日，大宁县股份经济联合总社召开2019年收益分红大会。全县84个村级股份经济合作社享受到利润分红，每股分红7865元，分红总额100万元。

大宁县历史上第一次将区域资源开发权通过集体经济组织交由全县的农民，让普通农户参与进来，获得资源开发收益。这件事情就全国来看，都具有开创性意义。

县域股份经济联合总社从贫困县全体农户募集股份，让农户分散资金可以投入属于全县集体经济联合体的、具有稳定预期收益的开拓性事业中，并以所有者身份获得投资收益。这也突破了目前较为"主流"的村级集体经济运行模式，获得更大的市场势力。

一位当地官员算了这样一笔账："我县1.7万农户，比如每个农户出1万元，就是一亿七千万元，每户5000是8500万元。不要看他们一盘散沙，如果组织起来,力量很大,潜力很大！这么大的数额,哪个银行会轻易贷给你？"

从这个意义上来讲,大宁县集体经济股份联合总社从事黄河采砂业务,是以农村剩余资金投入本地经济发展,促进外流要素回流。从未来发展前景来看,与当地已经开展的村集体股份经济合作组织承接购买式造林、小型道路、水利设施修建等公共工程建设不同,黄河采砂更可能带来持续、稳定的,且利润颇丰的收益流,这也就使得全县84个行政村及5万多农民可以长期获得来自资源性资产开发的垄断性产业收益。这意味着,按照联合总社理事长的保守估计,每年通过大宁集体经济组织自己的努力,依靠境内自然资源有序开发,会有约500万元的利润经由遍布大宁的发展型网络,流入这个相对贫困地区的偏远贫瘠的土地。

案例4：柴各庄的故事[①]

2005年,中国提出社会主义新农村建设。2006年10月,《农民专业合作社法》通过。河北保定山区地带,在北京高校大学生志愿者的带动下,一些农民合作社逐渐成长起来。为了扩大合作社规模,合作社需要尽快让社员尝到合作的甜头,当时的做法是,村民只要缴纳100元股金,每年10元会费,就可以用比成本价稍高的会员价购买合作社经营的农资服务部所有的商品。而面向一般村民则仍然是按照向市场看齐的零售价。这样很快就有30多户新社员。同时,在梁漱溟乡村建设中心的帮助下,合作社联系外部资源聘请专家、技术员为社员进行土壤监测,有针对性地施用肥料；讲解病虫害知识,传播农业信息。这样很快就在周边村子形成了声誉。合作社当时已经可以和区域经销商对接,减少了一些中间环节,他们自己总结是："首先要让他们知道咱们的实力：销量,只要量上去,就不愁经销商的问题。"保定的这个区域属于半山区,以桃子种植为主要收入来源,对化肥、农药的需求较多。由于之前发生过"假化肥"坑农事件,所以社员只相信合作社自己经营的农资。

山区三家合作社(顺平县闻名柿子专业合作社、小水和平柿子专业合作

---

① 案例由北京梁漱溟乡村建设中心提供。

社、史家沟众鑫柿子专业合作社)就通过联合农户所有的生产资料进行统购,为农户节省了近千元。在这样的基础上,周边6个联系紧密的合作社决定开展农资联合购销,并以社员入股方式募集了7万元启动资金,规定利润的60%按照交易量(销售量)返还给分社社员,40%作为合作社积累。合作社统一进货、统一分货、统一价格销售,分山区和平原两个门市部销售。仅山区三家合作社2008年开展的农资统购,就为农户利润返还1万多元。

然而,合作社联合购销的出现,明显影响了当地经销商的利益。在当地,买农资时赊账是很平常的事情,但由于合作社启动资金少,底子薄,不能给社员赊账,而周边经销商就趁机放出话来:"来我们这里,随便赊账,明年还都行。"此外,合作社之间联营,也在合作社间形成了微妙的利益分歧,这些都最终导致了联合购销"同盟"的解体。

(二)提升农业经营水平的基础性制度设计

通过生产主体、工商企业、消费市场的广泛联结,合作社可以成为发展当地优势产业,有效整合优化各类资金资源,提升农牧业抵御自然风险和市场风险能力,推进一二三产融合的有效手段。在实现农业现代化进程中,迈向纵向一体化的合作社有助于解决农业生产资金、技术、信息、供销、储运、销售等一系列问题,提升农产品品质,突破渠道瓶颈和品牌瓶颈,提升农业附加值,进军国内优质市场乃至海外市场,这也是实现供给侧改革的必然要求。四川崇州市五星土地股份合作社以土地承包经营权组建合作社,2012年4月,白头镇五星村村民在土地承包经营权确权颁证的基础上,44户农民自愿将190.47亩土地承包经营权折资入股,按入社土地0.01亩折成1股,每亩折资1万元作为成员出资,经工商注册登记成立五星土地股份合作社。2013年,通过宣传第一年的经营效益及动员,成员数增加到210户,入社面积636.47亩。到2020年,合作社拥有成员316户,入社土地达958亩。在此基础上,以土地经营权入股参与农业产业化经营。合作社负责按照企业要求种植生产并交付农产品,蜀嘉禾农业公司负责产品开发、加工、销售,所得利润按照两者约定的股权份额进行分配,让合作社入社成员分享农业产业化经营的收益[①]。

山东临朐佳福奶牛合作社成立于2006年,该合作社实行统一采购、统一管理、统一销售的"三统一"标准,获得了较好的经济效益。但几年后合作社在市场交易中遇到两大难题:一是乳品企业凭借市场垄断力量,压低合作社鲜奶收购价;二是乳品企业恶意拖欠合作社奶款,每月拖欠合作社奶款超过20万元,有时甚至拖欠几个月奶款,给合作社生产经营活动带来很大困难。2010年7月,佳福奶牛合作社联合本地区其他几家面临同样问题的合作社,商讨成立合作社联社。七个合作社的理事长都认识到,造成现在困境的原因就是合作社规模小、实力弱,单个合作社不足以对乳品企业的奶源造成多大影响。他们算了一笔账,一个合作社一天的产奶量2~3吨,7家合作社的产奶量加起来就是17~18吨。如果合作社联合起来,就会对乳品企业造成影响。

2010年8月,潍坊市临朐县志合奶牛专业合作社联合社在当地工商部门注册成立。联合社实行"两个统一":一是联合社统一购买农资或技术服务,并以原价向合作社提供;二是合作社产品统一由联合社组织销售,由合作社与企业进行产品定价。组建联合社后,合作社的市场谈判能力得到提高。合作社成立当天就向乳品企业发出通知:"鉴于乳品企业一直对联合社成员压低奶价、拖欠奶款,联合社集体决定,从明天起停止向乳品企业提供鲜奶。"乳品企业大为紧张,当天晚上其总经理就赶赴临朐,与联合社达成协议,表示拖欠7家合作社的奶款当即发放,并保证不再拖欠奶款。联合社成立后,一家进口苜蓿草的公司主动找上门,达成了上门提供饲草料的协议。在联合社的带动下,当地养牛产业也迈向规模化、集约化,每个社员都能享受标准化的养殖服务,促进了奶农增收[②]。

[①] 罗加勇、杨成伦:《崇州市五星土地股份合作社入股企业经营的做法、成效与启示》,《中国农民合作社》2021年第8期。

[②] 周振、孔祥智、穆娜娜:《农民专业合作社的再合作研究——山东省临朐县志合奶牛专业合作社联合社案例分析》,载仝志辉主编《农民合作社联合社的法律规制》,社会科学文献出版社,2016,第17-25页。

(三)培育新型农民,传播科学文化知识

任何组织要想持久运行,单单依靠一套规章制度或对组织未来的美好设想不够的,如果成员没有对组织使命的高度认同和对规章制度的自觉遵循,这个组织是难以为继的。对于合作社来讲,社员对组织使命的认同、对合作社规章的自觉遵循和维护,以及对先进农业经营知识的学习是必不可少的。也可以说,由国际合作社联盟设立的"教育、培训和信息服务原则"是合作社其他原则得以实现的重要基础。当今,农业技术革新和数字化农业正在掀起新的"绿色革命",而高昂的农业技术引入成本和前期试验成本,显然是小农户难以承受的,这就需要具有规模优势的合作社发挥作用。

作为合作社的一项重要功能,为农户提供信息、科技服务和培训引导农户掌握新技术,提升农业生产率和科技成果转化水平,本身就是合作社建设的应有之义。随着合作社实力的增强,合作社本身也可能成为农业创新的重要力量,掌握了一定科学知识的农民,同样可以利用自身丰富的本地化知识和种植、养殖经验,成为"土专家""田秀才",并可以为科研院所提供数量庞大的农业数据,为新品种培育、新技术应用作出贡献。

同时,随着我国农业经营主体的改变,新一代职业农民群体正在农业生产中发挥着突出作用。而农民合作社服务的对象,也必然向更加专业化、规模化的职业农民群体转化。根据笔者研究,新一代职业农民群体在市场意识、农业生产业态创新、农业多功能性发挥、城乡生活选择等方面都具有可识别的不同于传统农民的价值取向;其主要从事具有消费者导向特色和较高附加值的种植业、养殖业,并积极利用互联网平台开拓市场。这个群体增强了农业发展对于外界市场机遇、政策环境的敏感性,同时也为我国农业供给侧改革、农产品价值提升、产业链条完善等政策导向的实现提供了人力资源储备。这一切都要求合作社能够在科技引入、市场信息服务、政策引导等方向发挥更加重要的作用。

同样重要的是,合作社"教育、知识、文化传播"功能的外溢价值。小型农户由于生产方式的自我雇佣、独立生产特征,一向缺乏现代组织化的生活经

验和训练,小到如何在公开场合发表意见、如何开会,大到讨论社区公共问题,都需要相应的经验、素养与技能,这也是基层农村实现有效治理的前置条件。可以说,没有具备现代化素养的普通民众,是不可能真正建立和运行现代化的基层管理制度的。正如学者所指出的:"农村合作社是农民自愿组织、共同经营、民主管理的组织形式。其自身的主体权利意识较强,组织自身民主运作的方式得到发展,且能对社员产生潜移默化的影响,为社员日后进一步民主化管理,进一步有效参与民主政治起着培养锻炼的作用。在一个完善的农村合作社里,社员是合作社的管理主体,董事会、监事会等组织内部机构都是通过社员的民主选举产生的,组织内的重大事务也是由社员民主决策的。农村合作社所实行的社员民主化管理,是一种人本化民主管理,既是对民主制度的完善,也是对民主思想的发展。增强了社员的主体意识和合作精神,有助于改变几千年来我国农民孤立、封闭的状态,使社员能够平等地参与到农村合作社所涉及的公共事务中去。此外,农民还有机会通过农村合作社,特别是那种大规模的农村合作社参与到国家相关政策、相关立法的制定过程中,作为农民群体利益的代表与国家进行沟通,进而影响政策的制定,保障农民自身的权益。"[1]

案例5:四川简阳新天地合作社的"生态农业"实践[2]

(一)区域村庄概况

四川省简阳市东溪街道双河村本来是简阳一个平凡的村落,2010年开始的"生态水稻"种植实践让这里远近闻名。这样的生态农业实践是由"新天地水稻合作社"推动的。简阳市新天地水稻种植专业合作社位于简阳市东溪街道双河村,距简阳城区9千米。该区域位于四川盆地中部偏西边缘,平均海拔400~580米,气候温和,雨量充沛。粮食作物以水稻为主,次为小麦、玉米、豆类、红苕等;经济作物有柑橘、水蜜桃、樱桃等。东溪街道双河村辖9个社,

---

[1] 张广花主编《合作社经营实务》,浙江工商大学出版社,2013,第9页。

[2] 本案例由汪维行、李爱民撰写。

500余户,1700人左右;耕地面积约1980亩,人均土地1.15亩。值得一提的是,该村周围丘陵环绕,环境相对封闭。周边没有工业企业,外来污染少,村民始终保持着我国乡村的低成本传统生活方式,做饭烧水用沼气、秸秆。每户养猪1~2头,鸡10只左右,这也为后来生态农业开展提供了有利条件。

(二)组织合作开启新尝试探索

袁勇是东溪街道农业服务中心的一名农技员,自1994年大学毕业就开始干农技推广工作。主要是推广农业技术:如何消灭昆虫防治病虫害,如何使用农药提高产量,如何用除草剂,如何用地膜覆盖玉米、水稻、蔬菜……但是他发现科技并不能解决问题,因为土壤不断退化,病虫害暴发频繁。

正在袁勇困惑的时候,一个转机出现了。香港PCD(社区伙伴)是一家公益机构,十多年来在全国推动生态农业发展。2009年,他们资助了四川省农科院的吕世华(四川省农科院水稻栽培专家,研究水稻覆膜节水抗旱技术)开展有机水稻试验,试验田就选在袁勇工作的东溪镇(后改为东溪街道)。袁勇见证了在不用农药、化肥的情况下,水稻的产量和普通种植方式下的产量持平。在试验过程中,他不断走出去参观各地的生态农业试验、交流学习,思想观念得到转变。袁勇希望能够在更大范围推广生态水稻。

2009年开始,袁勇开始不断地在各个村庄寻找发展生态农业的合作伙伴。但很多村的干部都有一定的要求,比如要求有项目支持、资金支持等。当联系到双河村李显俊的时候,李显俊并没有像其他的村委一样提什么条件。当时李显俊也并不清楚生态农业是怎么一回事,只是觉得生态农业的前景很好,而且有技术支撑。这样双方一拍即合,开始新的探索尝试。

2010年3月,他们开始在村里推广生态农业时,村民很不愿意,觉得不用化肥和农药是不可能种出庄稼的,大家都持怀疑的态度。合作社的理事长利用村干部号召力召集双河村的9个社的社长,到各个社里宣传种植生态水稻。据村书记李显俊介绍,2010年那一年是当村干部以来会议最多的一年,也是走访农户最多的一年,说话说得最多的一年。

同时,袁勇也开始在村里组织一些活动和讲座,邀请相关的专家学者来向村民宣传生态健康的重要性和过量使用农药、化肥生产方式的危害。四川省农科院的吕世华研究员也经常到村里来讲课。村民在接受相关理念的同时,还是担心粮食的产量会减少。

袁勇与吕世华一起,向村民说明在种植水稻过程中,不用化肥、农药,也可以找到其他的方法来防治病虫害。同时,村委会向村民承诺,会在稻谷收割的时候以2元/斤的价格来收购大家的稻谷,保证产值不变。袁勇结合自己之前多年农技推广的经验和教训,认为不管推广什么技术,必须首先把农民组织起来。2010年3月,由该村两位村干部出面动员70多户农户组建了"新天地水稻合作社"。

(三)生态水稻种植推广与技术服务

2010年,全村有3个社71户开始种植生态水稻,种植的水稻田面积总共有73.8亩。开始时农户还是很担心种植的水稻会大面积减产。但是在秋季收割的时候进行测产,发现产量并没有大量减产,初步估计每亩减产100斤左右。在2010年底的时候合作社收购水稻大概有3000斤,合作社为农户统一提供种子、地膜,统一为农户进行育秧的病虫害管理。水稻收割之后农户交给合作社130斤稻谷作为服务费。当时合作社的收购价是2元/斤左右。很多农户食用第一年生态种植的大米,发现其口感确实要比以前的要好一些。加上袁勇第一年在合作社不断宣传一些健康教育的理念,农户也慢慢地开始接受生态农业。

合作社收购的稻谷委托村里加工厂加工,之后卖出的价格是4元/斤左右。同时,由于四川省农科院吕世华研究员的推荐,头一年的大米在销售上并没有什么问题,基本上能够解决。

到了2011年,参加生态种植水稻的农户,由第一年的71户扩展到300多户。2011年以来,合作社在水稻的销售方面基本上维持在4万斤左右。大米销售的价格从第一年的4元/斤逐渐上涨到6~8元/斤。

该地区水稻种植采取统一管理的方式。合作社组织利用村委行政力量召集8个社的社长开会,根据8个社自己的特点,统一安排前期育秧的工作。

由各社长统一安排育秧,一般育秧的水田在2亩左右。由合作社统一提供种子、覆盖地膜、喷洒沼液等一系列的管理服务,社长根据社里农户稻田种植的数量分配秧苗。农户按照自己的时间在统一育秧的稻田里拔秧苗,移栽到自己的稻田里。

在病虫害管理方面,合作社在全村的水稻田挂上诱虫灯,之后合作社技术顾问袁勇会在田间地头观察,及时与农户进行沟通。生态种植期间,相比以前要多费人工,农家肥施用需要人工用独轮车搬运。合作社还会组织人员统一喷洒沼液,基本上是两周一次。生态水稻种植在刚刚开始推广时,沼液喷洒频繁一些。两三年后,基本上是整个种植过程只需要统一喷洒2次就可以了,因为生态环境自我修复能力恢复了。合作社还借助四川省农科院的技术研究,开始在田间推广稻秆还田、农田浅耕、休耕免耕等多种生态种植的尝试。

(四)探索生态农业与城乡互助多元路径

与生态农业同时开展的,还有合作社的培训活动。当时,袁勇几乎每个月都会到村里举办一些培训活动,在生态水稻种植推广收到良好效果之后,合作社便开始尝试多方面的生态种植。

合作社在开始尝试生态种植水稻的时候,对销售并没有很详细的考虑。有了一定产量后,通过袁勇、吕世华不断向外界宣传,目前也逐渐形成了一定的规模。同时,他们还会在从事生态农业工作的圈子里被邀请作讲座和开展活动,也带动了销售。合作社每年年底会邀请本地的消费者群体、关注生态农业的公益机构以及当地政府共同来村庄开品尝会。由于该合作社是村委干部主导推动发展的,很多县级政府部门也都非常关注该合作社,想把该合作社作为发展的典型。

现在该合作社的消费者群体主要来自成都、资阳和简阳。成都主要是以对接学校和公司为主,也是主要的销售渠道。资阳主要以大米、菜籽油和其他杂粮为主,基本每个月配送一次。简阳主要是以蔬菜的配送为主,也涉及大米、菜籽油等。

(五)合作社的治理模式和收益分配方式

合作社先按照商定的价格收购农户的稻谷,之后由合作社统一卖到市场上。2011年,合作社跟农户商定1.5元/斤稻谷收购,当时合作社卖的市场价是2元/斤。所以先按照1.5元/斤付给农户,之后再按0.5元/斤进行二次分红。2011年和2012年,每年合作社收购社员的稻谷约10万斤。2012年以后,都是直接按照2元/斤直接付给农户,没有二次分红。

2011年袁勇、马力和村支书李显俊各出资5000元购买打米机器等。这部分钱算是给合作社的垫资,没有利息和分红。合作社也为社员提供有偿服务,比如育种育秧、治虫防病。合作社规定,社员每年向合作社交110斤稻谷,作为有偿服务费用。这些稻谷实际上成为合作社统一加工销售的主要农产品。

合作社2016年的收益情况:合作社经营收入69.83万元,盈亏总额5.14万元,股金分红0万元,公益性支出1万元。

(六)组织架构分析

该合作组织与村委是合二为一的,村委的组织架构与合作社组织架构之间的联系也非常紧密,合作社组织内部的管理借助于村行政组织(表1-2)。由于行政成本得以通过行政体系支付,给合作社节省了大量管理成本。

表1-2 合作社与村委组织工作分工

人物	组织身份	工作任务
李显俊	村支书 合作社理事长	行政事务 合作社宣传、对外宣传、 负责配送、销售、联系消费者
汤晏辉	村主任 合作社理事	行政事务 合作社田间生产管理(水稻、蔬菜、生态猪)
吴应香	妇女主任 合作社理事	行政事务 合作社妇女组织、文艺活动
……	社长 合作社骨干	协作合作社开展业务 直接对接农户

(七)案例评述:简阳新天地合作社得以发展的有利条件

张俊娜、汪维行、傅艳吉在整理现有资料的基础上,认为简阳新天地合作社发展有以下几个有利条件。

(1)专家的陪伴指导

袁勇和吕世华在生态种植技术上尽心尽力指导,倾囊相授。袁勇每周都去双河村实地察看,村民遇到的种植问题,随时可以找他解决。他指导合作社制订章程,按照民主程序选出管理班子成员,建议合作社理事们通过走访社员来征集对合作社发展的规划建议,并通过不断地开会讨论形成共识。他通过自己的人脉资源引进了大量的民间公益机构入驻双河村,为当地村民带来了新的思想和观念。

袁勇和吕世华多次给村民培训讲解生态理念。在生态水稻种出来后,袁勇和吕世华参加各种会议宣传推广,扩大销路。

(2)政府、公益机构的资源下乡

四川省农科院研究人员用课题经费支持生态种植的培训(还提供价值1万元的地膜)、外出参观学习和农产品推广等活动。此外,中国人民大学乡村建设中心、香港社区伙伴(PCD)、北京梁漱溟乡村建设中心等机构为该合作社提供免费学习培训的机会。

合作社利用政府的项目补贴,统一购买和安装杀虫灯,支付电费。

2012年,合作社争取到了简阳市的蔬菜基地建设项目,获得10万元的支持经费。合作社被评为市级示范社之后,得到了中央财政扶持农民专业合作组织发展专项资金的支持,连续两年,每年108万元(2013—2014年),主要用于生产性基础设施建设和维护。2015年,简阳市发展和改革局提供20万元支持经费,为合作社添加了烘干设备、改善了办公条件。

(3)发起人的自身经历和眼界

袁勇曾经在20世纪90年代搞过土地流转,规模种植果树,但是失败了,因为人工成本太高。他总结的教训是生产管理环节一定要交给农户,合作社抓技术服务和终端销售。

李显俊曾经在2007年《农民专业合作社法》施行后,联合多名村民共同发起成立了双河村果树专业合作社,因没有产生明显收益,合作社逐渐散掉了。袁勇对其失败原因总结为:过于"专业",社员的交流局限于某一产业,没有建立化解外部风险的能力,缺乏凝聚力,一旦发生市场变故,整个组织就散了。这也是很多空壳合作社形成的原因之一。这启发他们,合作社要做综合服务,他们认为合作社如果只靠经济效益来吸引农民,肯定是死路一条。

合作社刚成立时,理事长利用村干部身份来号召村民参加,到农户家去动员,最后成功动员了71户加入。在生产过程中,又能够利用行政力量有效安排农事。比如合作社利用村委力量召集8个社长开会,统一安排前期育种的工作,节省了组织成本。合作社组织人员统一喷洒沼液,也是每个社的社长安排协调。

(4) 生态水稻的非经济功能

该村农户的主要家庭经济收入靠外出打工,而非种田。村里剩下的主要是老人和小孩,以及为了照顾孩子留守在家的妇女。所以,农户对稻田的经济效益本身不抱大的希望。农户试验生态种植的风险不会波及家庭稳定。

留守在家的老人和妇女,他们是被市场低定价的,并且本身就有大量闲暇时间,适合发展生态农业。老人们顾念到自家孩子的身体健康,以极大的热情从事生态农业。这也使得村民们种植出来的生态水稻越来越多地留下自用,或送给亲朋好友,而非拿到市场上去销售。通过合作社销售出去的稻谷只占全村产量的40%左右。

(5) 新农村建设的基础——家家有沼气池提供了农业肥料

2003年以来,简阳市连续八年实施了国债和省财政支持的农村户用沼气工程建设项目,截至2010年底,该村农户家家都修建了沼气池。这一方面为村民提供了新的可再生能源,另一方面也为后来推广生态种植提供了必要的肥料与来源。

(6) 政府财政解决了合作社的行政费用问题

该合作社的绝大多数管理人员由村干部担任,他们有一份行政职务补贴,都没有在合作社领取报酬。

由于是村"两委"牵头创办的合作社,各级政府也非常关注和支持,获得了很多宣传报道机会,提升了合作社的名气和市场认可度。

第二章
合作社内部管理

本章选取了多个合作社发展的案例,从中我们可以看到基层合作社发展的曲折和艰辛。由于我国基层合作组织很多为自发成立,必然要面临来自市场、技术、产品、融资的诸多问题。如何获得银行贷款、产品销路如何打开、技术规范如何掌握、新业务如何开展,这些问题处理不好都可能带来经营风险;从内部来讲,社员入社各有打算、对合作社事务不积极、内部利益分化、部门"打架"、合作社遇到困难时大家不能团结一致甚至落井下石……这些情况都是合作社经营中经常会面临的问题。有些合作社往往由于内部和外部的管理困境,最终没能坚持下去。另外,从我们所选的案例中同样也可以看到,一些本土农民合作社在摸索中逐渐形成了具有自己特色的管理方式、内部文化和组织凝聚力,这些都为合作社应对内外挑战提供了宝贵的本土经验。

第一节 合作社的组建与成员

要深入理解合作社内部管理,首先应当明确合作社与公司的区别。现代公司制度源于对利润的渴求,是通过资本组织方式获取更高的收益,因此具有明确的资合性。而合作社则是在市场竞争中处境相对不利的群体在自愿参与、平等互助、民主管理基础上的联合,是以社员为服务对象的组织,因此也是所有者与使用者相统一的组织,具有本质上的人合属性,或者说相对于公司制的资本联合属性,合作社从原初价值上讲是一种"人的联合"。

公司与合作社在设立初衷和属性上的差异影响其内部管理方式。公司作为一种投资者所有企业,以投资多寡作为获取回报的依据,并不允许股东在公司经营过程中撤回出资,而合作社则遵循入社自愿、退社自由、资本报酬有限的原则。在运营方面,公司按照一股一票原则,以股份额度分配投票权,这就形成了大股东对于企业运行的控制权。而合作社一般实行一人一票原则[①]决定运营重大事项,体现了社员对于合作社的平等控制与监督。在利润分配上,公司实行按股分红,合作社则按社员与合作社的交易额(惠顾额)进行返还[②]。

在合作社发展实践中,存在"一次返利"和"二次返利"的说法。一次返利,是指以比市场更高价格收购成员的产品,以比市场更低价格向成员销售生产资料。二次返利,是指合作社基于当年的可分配盈余,以社员与合作社的交易量或交易额度为基础,按照法规或章程确定的比例返还给成员,也就是按交易额(惠顾额)返还[③]。

(一)合作社的组建

成立农民合作组织,需要满足一定的程序性要求。按照法律规定,设立农民专业合作社,应当召开由全体设立人参加的设立大会。设立时自愿成为该社成员的人为设立人。设立大会与成员大会有所区别:设立大会是合作社在设立之前须召开的法定大会,在合作社成立后就完成了其历史使命;而成员大会为合作社事实上的最高权力机构,其将在农民合作社存在的整个期间

---

① 《农民专业合作社法》规定:农民专业合作社成员大会选举和表决实行一人一票制,成员各享有一票的基本表决权。出资额或者与本社交易量(额)较大的成员按照章程规定,可以享有附加表决权。
② 张永兵:《农民专业合作社财产制度研究》,武汉大学出版社,2017,第12页。
③ 曹福生、司瑞雪主编《农民专业合作社的创建与财务管理》,中国农业科学技术出版社,2015,第98页。

存续,成员大会至少每年召开一次。

设立大会的一项主要工作,就是通过合作社章程,合作社章程应由设立人全体一致通过,获得全体设立人的同意,也就是要体现全体设立人的意志。章程所载事项,包括必备事项和任意事项,必备事项是法律要求必须记载的事项,包括名称和住所,业务范围,成员资格及入社、退社和除名,成员的权利和义务,组织机构及其产生办法、职权、任期、议事规则,成员的出资方式、出资额,成员出资的转让、继承、担保,财务管理和盈余分配、亏损处理,章程修改程序,解散事由和清算办法等。

农民专业合作社应以其成员为主要服务对象,并可以开展农业生产资料的购买、使用,农产品的生产、销售、加工、运输、贮藏及其他相关服务,农村民间工艺及制品、休闲农业和乡村旅游资源的开发经营等,与农业生产经营有关的技术、信息、设施建设运营等服务。具体来讲,合作社可以组织采购、供应合作社成员的农业生产资料;可以收购、销售成员及其他生产经营者的产品;可以对农产品进行不同程度的加工,提升产品附加值;可以提供农产品运输、贮藏服务;可以提供农业经营相关的技术培训、信息咨询与交流;对于一些需要前置许可的经营项目,如"种子生产经营""种畜禽生产经营",应当获得国家相关部门的许可、审批。

农民专业合作社对由成员出资、公积金、国家财政直接补助、他人捐赠以及合法取得的其他资产所形成的财产,享有占有、使用和处分的权利,并以上述财产对债务承担责任。农民专业合作社成员以其账户内记载的出资额和公积金份额为限对农民专业合作社承担责任。

应当指出的是,自20世纪60年代以来,受公司制改革和证券化融资的影响,国外合作社以出售股票方式筹集社会资金,改变传统合作社向社员募集资金的做法,把股份公司的"普通股"改造成相当于传统合作社的"社员股金"或"入社费",此类股票的持有者具有社员资格,拥有选举权和被选举权。将股份公司的"优先股"设计为合作社的"资本股金",出售给与合作社有业务往来的个人、企业,持此种股票不拥有合作社表决权,并限制分红利率。该种股票在获得合作社同意后,可以出售或转让。除此之外,合作社内部入社自愿、民主管理、盈余按交易额返还、限制股金分红等基本原则仍然保留①。

专栏:温岭市箬横西瓜专业合作社②

温岭市箬横西瓜专业合作社参照《浙江省农民专业合作社示范章程》完善了合作社章程,保证合作社规范高效运行。一是明确入社条件,加入合作社的农户必须出资,并从事西瓜生产经营,且有一定的种植技术和经营能力。二是修改成员股金配置规定,明确按成员的生产经营能力和贡献业绩大小配置股金,成员所占股金比例最多不能超过总股金额的20%。三是调整表决方式,确定以一人一票制为基础、附加表决权的民主决策方式管理合作社,对合作社贡献业绩大、股金份额较大的成员可以享有附加表决权。四是修改了财务分配原则,合作社按照社员的经营规模分配盈余,并在盈余分配中增加提取风险保障金条款。

(二)合作社的成员

合作社是人的联合,是其社员的联合。合作社社员既是合作社的所有者,又是合作社提供服务的利用者,是合作社收益的分享者。合作社的社员资格关系到如上权利的实现。合作社社员资格的确定与合作社所从事的事业相关。按照法律规定,有民事行为能力的公民,从事与农民专业合作社业务直接有关的生产经营活动的企业、事业单位或者社会团体,能够利用农民专业合作社提供的服务,承认并遵守农民专业合作社章程,履行章程规定的入社手续的,可以成为农民专业合作社的成员。

农民合作社的成员必须以农民为主体,换言之,农民合作社的设立以谋

---

① 朱京燕、曹军主编《农民合作社建设与管理》,中国农业大学出版社,2016,第89页。
② 王平、王国连、刘立彬主编《农村合作制理论与实践教程》,中国环境科学出版社,2010,第121-122页。

求以农民为主体的全体成员的共同利益为目的。农民专业合作社的成员中,农民至少应当占成员总数的80%。

为了更好地利用、发展合作社业务,从事与农民合作社业务直接相关的企业、事业单位或社会团体,在遵守农民合作社章程、履行入社手续的前提下,可以成为农民合作社的成员,但在比例构成上有所限制。合作社成员总数20人以下的,可以有一个企业、事业单位或者社会组织成员;成员总数超过20人的,企业、事业单位和社会组织成员不得超过成员总数的5%。

"入社自愿、退社自由;成员地位平等,实行民主管理"是合作社实施社员管理的基本原则。所谓社员地位平等,既是指合作社内部社员法律地位平等,也是指新入社社员与老社员之间法律地位平等。合作社不得为新社员在收益分享、服务利用等方面设立特殊限制,凡是符合合作社章程规定的资格,都可以自愿申请加入合作社。

合作社成员加入合作社,一般须体现一定的经济参与。按照法律规定,农民专业合作社成员可以用货币出资,也可以用实物、知识产权、土地经营权、林权等可以用货币估价并可以依法转让的非货币财产,以及章程规定的其他方式作价出资。不同业务的合作社往往对于出资方式有着不同的规定。例如以规模经营为主要事业的合作社,土地承包经营权往往成为加入合作社最基本的资格,或者说农民将土地家庭承包权中的使用权让渡给合作社。

社员有自愿退出合作社的权利,但需要事先将退出事由通知合作社。社员在退出后,丧失原有的权利和义务,但一般依照章程规定,仍具有请求股金返还的权利和债务清偿的义务。一般合作社章程会规定社员被合作社除名的情况,包括长期不使用合作社服务、未按期交股金等情况。为体现民主管理原则,合作社在除名社员前,应在合作社大会上给予社员申诉机会,否则除名无效。

农民合作社社员权利可以分为参与权、财产权等。

所谓参与权,是指社员参与合作社民主管理,对合作社经营运行提出建议的权利。参与权可以细分为选举权与被选举权、表决权、档案文书查阅权、罢免领导请求权、诉讼权等。表决权是指社员有权针对合作社经营管理提出建议的权利。选举权是指社员选举合作社的理事会、监事会等合作社管理层的权利,被选举权是指社员有当选为合作社管理层的权利。档案文书查阅权是指社员有索取和查阅合作社档案文件、合作社章程、理事会记录、财务及运营情况报告、社员名册等文书的权利。罢免领导请求权是指在合作社管理层人员不能履行合作社管理义务,有可能或已经给合作社发展造成重大损失的情况下,社员有权提出罢免合作社管理人员的请求。

财产权是指社员对合作社各项服务利用的权利,以及对合作社盈余分配的权利。

《农民专业合作社法》第四十三条规定:

"农民专业合作社应当为每个成员设立成员账户,主要记载下列内容:(一)该成员的出资额;(二)量化为该成员的公积金份额;(三)该成员与本社的交易量(额)。"

第四十四条规定:

"在弥补亏损、提取公积金后的当年盈余,为农民专业合作社的可分配盈余。可分配盈余主要按照成员与本社的交易量(额)比例返还。可分配盈余按成员与本社的交易量(额)比例返还的返还总额不得低于可分配盈余的百分之六十;返还后的剩余部分,以成员账户中记载的出资额和公积金份额,以及本社接受国家财政直接补助和他人捐赠形成的财产平均量化到成员的份额,按比例分配给本社成员。**经成员大会或者成员代表大会表决同意,可以将全部或者部分可分配盈余转为对农民专业合作社的出资,并记载在成员账户中。**"

其中,上文加粗的部分是2017年修订新加入的,体现了对各地合作社实践经验的吸收,而本质是在明晰合作社资产产权与留出用于合作社持续发展的资产之间的一种平衡。

专栏:《大方县党支部领办村集体合作社准则(试行)》第五章"分配原则"(节选)[1]

第十六条 村集体合作社总收益实行以按劳取酬为主,按资分配为辅,即第一次分配为按劳取酬,按劳取酬后剩余收益再进行按资分配。其中,总收益是指除去相关生产资料投入后全村产业产生的收益。

第十七条 "按劳取酬"指由党支部领办村集体合作社统一按照工时支付相应劳动报酬,包含产业基地劳动报酬和村公益事业劳动报酬。产业基地劳动报酬指由村党支部统一组织群众从事产业基地工作所产生的用工报酬;公益事业劳动报酬指由村党支部统一组织群众从事公益事业所产生的用工报酬。劳动报酬具体金额按照当地用工市场价核定。

第十八条 鼓励村集体合作社探索"工票"制,即对参加劳动群众按照当地用工市场价标准发给工票,工票可作价入股,也可用于在党支部领办供销合作社或道德积分超市购买生产生活物资。

第十九条 按资分配是在按劳取酬分配后按照产业发展生产要素投入比例进行分配,即按集体股份和投资股份比例分配。

专栏:山东郯城县恒丰农机化服务农民专业合作社[2]

郯城县恒丰农机化服务农民专业合作社位于山东省郯城县杨集镇南湖里村,成立于2012年3月。合作社现有成员309人,各类农机91台,配套农机具92台,植保机械55台,粮食低温干燥设备3台,年机械作业面积10万亩,机械服务辐射周边多个乡镇的3600余农户,推动户均增收5000元/年。合作社把成员的农业机械、资金、土地等折股入社,年终结算分红。盈余分配方式是

---

[1] 王宏甲:《走向乡村振兴》,中共中央党校出版社,2021,第296页。
[2] 农业农村部:2019年全国农民合作社典型案例之十一:山东郯城县恒丰农机化服务农民专业合作社,http://www.hzjjs.moa.gov.cn/nchzjj/201908/t20190827_6323244.htm,访问日期:2021年9月5日。

实行按劳分配和按股分红相结合,按劳分配是根据成员的生产效益和出勤作业量进行分配;按股分红是扣除合作社经营成本,40%留作合作社发展基金,60%用于全体成员按股分红。

合作社实行企业出资金、机械和技术,农户出土地、人员和机械的组织方式,形成了"企业+农户+基地"的生产经营模式。一是土地入股。农户以土地入股,由合作社直接经营,按1000元/亩/年的保底收入付给农户,或者以"450斤稻谷/亩/年+300斤小麦/亩/年"的实物收入付给农户,农户年终按每亩一股参与合作社的分红,年均每股分红160元。二是机械入股。对机械评估作价,按1000元一股入社,参与合作社分红,按作业面积给付农机手工资。

合作社为当地全体农户提供菜单式服务。一是托管服务。由合作社提供整地、播种、施肥、浇灌、植保、收获等粮食生产全程机械化服务,农户成员向合作社缴纳托管费用490元/亩,低于其他非成员农户管理费100元/亩,合作社年托管作业面积1.6万余亩,涉及农户3000多户。二是代育秧、机插秧服务。合作社建造育秧工厂2100平方米,育秧基地150亩,实现机械插秧1.5万亩。比较而言,人工育插秧1.5万亩需要秧田1000亩左右,软盘育秧机械化插秧1.5万亩只需秧田150亩左右。合作社带动周边农户机插秧近3万亩,节省秧田1500多亩,实现了节本增效。三是烘干服务。合作社建造粮食低温干燥车间1500平方米,解决了粮食晾晒问题。未入社的农户,在粮食生产过程中,可选择合作社为其提供关键作业环节的机械化服务,合作社按市场行情收取相应的服务费,平均次作业费用40元/亩,合作社每年服务周边农户5000多户,年作业面积10万亩。

第二节 合作社的管理机构

合作社的管理机构包括成员大会、理事会和监事会。按照《农民专业合作社法》[①]，农民专业合作社成员大会由全体成员组成，是本社的权力机构，行使以下职权：修改章程；选举和罢免理事长、理事、执行监事或者监事会成员；决定重大财产处置、对外投资、对外担保和生产经营活动中的其他重大事项；批准年度业务报告、盈余分配方案、亏损处理方案；对合并、分立、解散、清算，以及设立、加入联合社等作出决议；决定聘用经营管理人员和专业技术人员的数量、资格和任期；听取理事长或者理事会关于成员变动情况的报告，对成员的入社、除名等作出决议；等等。

理事会是合作社的业务领导和管理机关，理事会由理事组成。合作社理事会一般具有如下特征：理事会由成员大会选举产生，向成员大会负责，贯彻成员大会的决议；理事会是合作社的业务执行机关，是开展合作社日常业务的专门常设机构。对内负责内部事务管理。对外代表合作社法人进行活动[②]。我国《农民专业合作社法》规定，农民专业合作社设理事长一名，可以设理事会。理事长为本社的法定代表人。

监事会是合作社的监督机构，由成员大会选举产生的监事组成。监事会的职权为：监督理事会的经营管理情况，负责财务审核监察工作，向理事长或理事会提出工作质询和改进工作意见和建议。根据《农民专业合作社法》规定，理事长、理事、经理[③]和财务人员不得兼任监事。而且，农民专业合作社的理事长、理事、经理不得兼任业务性质相同的其他农民专业合作社的理事长、理事、监事、经理。执行与农民专业合作社业务有关公务的人员，不得担任农

[①] 2006年10月31日，第十届全国人民代表大会常务委员会第二十四次会议通过；2017年12月27日，第十二届全国人民代表大会常务委员会第三十一次会议修订通过。

[②] 欧阳仁根、陈岷等：《合作社主体法律制度研究》，人民出版社，2008，第252页。

[③] 农民专业合作社的理事长或者理事会可以按照成员大会的决定聘任经理，理事长或者理事可以兼任经理。

民专业合作社的理事长、理事、监事、经理或者财务会计人员。

(一)合作社的内部管理

说到管理,我们往往首先会想到企业管理,而企业管理又经常和绩效、团队、领导力等概念联系在一起。可是,我们在日常的工作中也经常会听到这样一种讲法,即"合作社是农民自己的公司",又比如说"资金互助社是农民自己的银行",类似的说法还有很多。现实当中,合作社的注册成立与规范监管也确实主要是由工商行政部门来执行的,那么问题就来了:合作社的管理是否是和企业的管理完全一致呢,还是在某些方面具有自己的独特之处?合作社的管理需要在哪些方面借鉴企业管理的优点同时又能保持合作社的特质?

既然合作社也是一种经济组织,说明在实际运行过程中是可以借鉴企业管理中的经验。合作社同时又是有别于一般企业的互助性经济组织,那么企业管理的某些原则和做法则未必适合合作社。弄清楚管理的基本概念有助于我们理解合作社管理工作中遇到的问题和困难,也会让我们在实际工作中举一反三,进行变通和创造。

"我为人人,人人为我"是大家在合作社工作中常常听到的一句口号,就合作社的事务而言,这句话恰恰说明了每位成员都必须关心合作社的运行和发展,只有在充分了解合作社状况的基础上才有可能谈得上制订合作社发展的计划。

《农民专业合作社法》对合作社是"互助性经济组织"的界定也提醒我们,合作社社员应该在平等与互助的关系中参与合作社的工作,合作社本身作为社员间的互助组织应该在管理工作中体现相互尊重和理解的原则。

因此,从目标来看,管理是面对事实和解决问题,以结果来评价是否解决了问题。从过程来看,管理是民主实践的一种途径,大家要学会共同处理合作社的事务。

合作社内部实行成员的民主管理。在国际合作社联盟确立的七原则里第二条写明了"社员的民主管理"这一原则。民主控制是国际合作社运动所遵循的基本原则之一,最早出现在国际合作社联盟1937年修订的合作社原则中。这一原则同样体现在我国的《农民专业合作社法》中,即"成员地位平等,实行民主管理"。第二十二条则规定:"农民专业合作社成员大会选举和表决,实行一人一票制,成员各享有一票的基本表决权。"同时也规定,"出资额或者与本社交易量(额)较大的成员按照章程规定,可以享有附加表决权。本社的附加表决权总票数,不得超过本社成员基本表决权总票数的百分之二十"。由此可以认为,这是民主与效率、民主与责任的统一与平衡。

合作社内部管理的主要机构有成员大会、理事会和监事会。我们将分别详述成员大会、理事会和监事会在具体执行中如何起到民主管理的作用。

(二)合作社的内部管理机构

1. 成员大会

在管理方式上,合作社重视民主管理。从《农民专业合作社法》的规定中可以看出,成员大会在合作社的人事任免、财产处置、业务经营以及盈余分配等重要事务具有最高的决定权。

对于成员大会的召开,《农民专业合作社法》和合作社的示范章程里也都有非常具体的规定。许多合作社都在章程里规定,每年至少召开一次成员大会。召开成员大会是落实合作社民主控制的重要方式,可以总结经验,鼓舞信心,计划下一阶段工作,很有必要。对大部分合作社来说,在年初开会比较合适。一是这段时间大家都不太忙,有时间。二是这段时间刚好可以总结上一年工作,计划新一年任务。

(1)开会的对象

一般合作社,成员总数不足100人的,可以召开全体成员参加的成员大会。如果成员数超过150人的,应该召开成员代表大会。合作社开年度会议还可以邀请合作社联合会和附近合作社代表参加,互相交流,互相观摩。

(2)开会前的准备

要开好年度会议,合作社理事长或理事会应该在会前半个月左右做好准备。

一是要对去年合作社的经营服务情况进行简单的总结:如过去一年合作

社联合销售了多少产品,联合购买了哪些农用物资;合作社开展了几次技术培训和科技服务工作;合作社在产品质量、品牌建设、基地认证等方面做了哪些工作,取得了哪些成效;合作社社员增加了多少,基地扩大了多少,在合作社经营服务和管理方面有哪些经验和教训;等等。

二要搞好年度财务核算,编制会计报表,提出盈余分配方案。合作社的财务核算和盈余分配与社员利益关系最直接。合作社不仅要按合作社会计制度进行财务核算和编制会计报表,还应该对一年来的收支情况进行分类,向社员公开。合作社的盈余分配要根据《农民专业合作社法》和章程的规定,主要按照交易额或交易量的比例分配盈余。合作社监事会或执行监事要对合作社的财务和盈余分配方案进行监督。这里要强调的是,要特别注意做好社员个人账户的核算。

三要对新的一年进行计划。一年之计于春,合作社理事会或理事长在开春时要对新的一年进行规划。比如制订社员发展计划。一般来说,合作社每年发展10%~30%的新社员比较合适。如果合作社的社员个人账户比较清晰,发展新社员就比较容易。合作社要对成员档案情况和合作社资产状况进行整理,然后根据财力物力情况和发展的需要制订新一年的工作计划,包括市场开拓、品牌建设、项目建设等。有可能的话要编制一年的预算,从哪些方面赚钱,在哪些方面花钱。如果有必要,理事会还应该起草合作社内部管理方面的重要制度,提请成员大会表决通过。社员入社退社制度、财务管理制度、民主议事决策制度、盈余分配制度等这些关系社员切身利益的重要制度,应该由成员大会表决通过。

四要做好会前的事务准备。要落实好会议场地,提前通知社员和邀请的人员与会,对于必须印发的会议资料要提前印好。

(3)开会的议程

合作社的年度会议可以安排以下几项议程,会议的时间应该控制在2个小时以内。

- 合作社理事长汇报上一年度的工作情况和下一年的工作计划;

·对合作社的财务情况进行通报,审议和通过盈余分配方案;

·听取合作社监事会或执行监事的工作汇报。监事会要重点汇报对财务监督的情况和社员遵守合作社章程制度和纪律的情况;

·审议和通过理事会起草的重要制度等。

合作社开会一要紧凑,二要实在,要避免太多形式的东西。另外要注意,为了提高会议效率和维持良好的秩序,除非一定比例或数量的成员书面提出正式议案,成员大会一般不对个别成员提出的问题和建议进行讨论。合作社可以规定五分之一以上或20名以上社员,可在成员大会前一天书面提出议案。

《农民专业合作社法》规定:农民专业合作社设理事长一名,可以设理事会;理事长为本社的法定代表人;理事长由成员大会从本社成员中选举产生,依照本法和章程的规定行使职权,对成员大会负责。也就是说,不管合作社规模大小、入社成员多少,也不论合作社是否成立理事会,但必须设一名理事长。而且法律规定,理事长对外是法人代表,对内要对全体入社成员负责。所谓理事长,就是合作社中对外协调办事、对内管理合作社事务的人,换言之,理事长就是合作社这个新型经济组织的负责人、带头人,也是合作社的第一责任人。一个合作社运行的质量好坏、工作成果的大小、经济效益的盈亏、农民组织化程度的高低,可以说在某种程度上取决于理事长的工作能力和管理水平。

2.理事会

合作社的理事会是成员大会的执行机构,理事会成员由成员大会选举产生。理事会一般5人以上,每届任期3~5年,可以连选连任。一般来说,合作社理事会应注重对合作社经营战略的制订和把握,其主要职责是制订合作社发展规划、年度经营计划、内部管理规章制度和年度财务预算,制订盈余分配和亏损弥补方案并提交成员大会审议,开展业务活动、成员培训,管理合作社的资产和财务。合作社设理事长一人,副理事长3~5人,理事长是合作社的法人代表①。由于理事会特别是理事长对于合作社发展起着至关重要的作用,理事会的经营管理能力在很大程度上决定着合作社的运营水平。因此,采取各种方式吸引人才到合作社任职、创业,为合作社培养、提供优秀的管理人才、技术人才、运营人才显得尤为迫切。应鼓励具有农业创业经验的"职业农民"、供销合作社和信用合作社的经营人才、农机推广人才和科研人才到合作社任职,并建立长期合作关系②。

合作社虽然是互助型组织,但业务和业绩的好坏直接或间接地会影响到合作社的生存和社员的权益。合作社设立的初衷之一也是要为社员谋福利并改善生活,如果合作社实现不了这个目的,也就没有存在的必要了。"业务"对于合作社的发展是非常关键的,合作社中生活必需品和生产资料的联合购销、生产生活相关服务提供,都是业务方面的工作。

农民合作社的成员大会是合作社的权力机构,负责合作社章程修改,选举和罢免理事长、理事、执行监事或监事成员等工作,但是如果涉及合作社具体业务的经营管理,都采用开成员大会的办法来解决,必然产生太多的内耗,浪费太多的时间和精力,使各项业务难以顺利开展,因此,理事长的选举就至关重要。

在实践中有两种倾向:一种是在合作社内部的"大农吃小农"现象。这种情况多发生在由大户、外来企业领办的合作社。大户联合小农组建合作社的最初目的是利用国家财政资金和优惠政策,其自然不会真正完善合作社内部民主管理和合作制度,在这种情况下,合作社实质上相当于一个合伙制企业,被大户控制的合作社对外高价卖出农产品、低价买进生产资料和技术,对内面向普通社员低价买进农产品、高价卖出生产资料和技术,事实上形成了合作社内部大农对小农的盘剥③。另一种是合作社的带头人经营管理能力不

---

① 张正一、杨光丽主编《农民专业合作社经营与管理》,中国农业科学技术出版社,2015,第38页。
② 张广花主编《合作社经营实务》,浙江工商大学出版社,2013,第57页。
③ 仝志辉、楼栋:《农民专业合作社"大农吃小农"逻辑的形成与延续》,《中国合作经济》2010年第4期。

足。由于合作社大会选举出来的人往往并不具备经营管理的才干,而是大家公认的"老好人"。这样的"老好人"虽然在人品上可以得到大家的公认,但却不能带领合作社发展壮大。这就对合作社理事长提出了很高的要求,既要理事长具备较强的经营管理能力,还要有公心,能为社员谋福利。如何让这样的合作社带头人脱颖而出,如何筛选并精准支持那些给小农户带来实在收益的合作社,降低它们的管理成本,让更多具有经营管理才能的人才愿意进入合作社,这是很现实的问题。

要求合作社的带头人既有公心,能力又强,这在很多情况下,实在是可遇不可求。在很多国家的实践中,从社会层面聘请专业管理人才就成为现实的选择。一般会聘请外界财务、营销、技术能手等进入理事会,以增强专业性。当然,这又需要合作社的运营规模达到一定水平,足以支撑聘请职业经理人产生的费用。此外,聘请外部专业力量在一定程度上有助于避免农民合作社的"软制度"现象,也就是由于合作社往往是基于乡村社区设立,不可避免地陷于各种关系网络中,使得感情的、关系的连接高于理性的契约规定[1],容易出现"软制度"现象,即人情关系高于规范[2]。

3. 监事会

(1)设立监事会的目的及怎样设立监事会

第一,农民合作社设立监事会是确保合作社健康发展的需要。由于大多数社员都长期"生产在家",分散经营,分多聚少,很难对合作社事务进行监督,所以监事会应该成为合作社中的常设组织机构之一。合作社的成员大会是法定的权力机构,理事会是工作执行机构,而监事会则是属于监督机构。如果合作社刚刚组建且成员少,可暂设一名执行监事;在入社成员超过150人可设立监事会。

第二,什么样的人可以担任执行监事或监事长呢?

---

[1] 欧阳仁根、陈岷等:《合作社主体法律制度研究》,人民出版社,2008,第255页。
[2] 李建桥、陶佩君:《农民合作经济组织内部限制因素与适应性对策研究》,《中国农学通报》2005年第5期。

我们的建议是：

• 必须是入社入股的正式社员；

• 必须是有文化，明白业务知识，尤其是掌握财会知识的人；

• 必须是坚持原则，敢于并善于批评、提意见的人。

对于合作社设立的执行监事和监事长，在一般情况下尽量不要采取外聘人才的方法，最好聘请一些德高望重的而且有社会责任感的人做监事。合作社的监事长，可以说是相当于党内的纪律检查干部。农民专业合作社是新生事物，为了保障各类农民专业合作社健康地成长和发展，《农民专业合作社法》明确规定了"农民专业合作社可以设执行监事或者监事会"，并规定"理事长、理事、经理及财务会计人员不得兼任监事"。这种法律规定，无疑说明了监事会不仅是各类农民合作组织框架中的必备组织，而且表明监事会的作用非常重要，绝对不可忽视。

(2) 监事会的职权及监事会总监应具备的能力

监事会的职权如下：

• 监督检查合作社的财务状况和业务的执行情况，包括对本社的财务定期进行内部审计；

• 对合作社理事长、理事会、合作社各部门管理人员的职务行为进行监督；

• 提议召开临时性成员大会，年终召开关于监事会全年工作的报告会议；

• 定期监督合作社的账目公开；

• 重点监督入社成员的产品质量、包装及生产过程中出现的乱打农药、乱施化肥、乱用各种激素等"三乱"行为。

合作社监事会总监应具备的工作能力如下：

• 具备大公无私、敢于坚持原则的思想；

• 具备善于学习本合作社各种专业知识、变成行家里手，具有监督、检查、拨乱反正的指导能力；

·有严格定期对违反法律法规、合作社章程及其他规章制度的行为的查处能力；

·具备简单的口头和文字表达能力。

(3)监事会检查监督的重点内容

·定期检查监督章程的贯彻执行情况及存在的问题；

·定期检查及审计合作社的财务账目、股金分红、二次盈余返还、公积金公益金按比例的提取、年终亏损情况，并从中找出教训，提出改正意见；

·定期或者不定期开展检查、抽查社员生产情况,确保合作社入社农民生产、销售的各类产品达到质量安全可靠的标准；

·检查督促合作社的营业执照及其他应主动接受年检的证件的年检工作。

对检查的事项,监事会在检查之前应向理事长或理事会提出请示。之后,可采取召开座谈会、询问会、调查会以及下乡明察暗访等方法,也可以找当事人对质,尤其在经济收支方面,要特别重视合同的签订等,同时注意保密,不应扩大事态。

主动参加上级主管部门召开的监事长工作会议；主动接受上级主管部门到合作社的检查审计工作,积极做好配合工作。

监事会在合作社内所起的监督作用是民主管理相当重要的一个方面,在合作社亟待规范发展的背景下,监事会的作用尤其重要。农村是一个熟人社会,监事们可能会觉得这种工作是得罪人的,不好做。这里需要明确以下两点:

·监事会对理事会的监督是全体社员所赋予的权力,也是责任,并不是监事个人对理事个人的事情；

·需要聘请一些德高望重的而且有社会责任感的人担任合作社的监事。

第三节 合作社内部人才建设

合作社的基础是成员,没有成员的积极参与,合作社就会成为无源之水。在初期阶段,有些合作社成员不能或者不愿积极主动地表达自己的意见和需求,这就需要合作社骨干走入基层了解信息,并鼓励他们积极参与合作社事务。初期过后,合作社成员能够积极地参加活动并献计献策,到这里就需要进一步提供制度保障和培训学习机会。

理事长和管理团队在鼓励大多数成员参与合作社工作的过程中,应当走"群众路线",不要期待社员能够自己积极主动来参与,而是应该在日常的生活和工作过程中多去倾听和了解他们的想法、意见和需要,这些收集到的信息可以成为管理者制定决策的参考和依据。如果制定的决策能够真实地反映大多数成员的需要,合作社的工作也会得到大家的支持和理解。

张晓山认为,合作社能否可持续发展取决于能否涌现出一大批具有合作精神、善于经营的合作社企业家。制度框架本身不能创造出成绩,绩效还是要靠人来实现。中国农民专业合作社的发展,需要造就一批富有创新精神、善于洞悉市场、通过制度创新来践行合作社理论和原则的实践者。合作社的领导人要同时具备两种精神,即合作精神和企业家精神。既要有合作精神,又要适应市场竞争,也就是"好人"+"能人"。没有优秀的合作社企业家,就不可能有成功的可持续发展的合作社。有意识地将一部分农村精英培养成合作社企业家,提升他们的素质,引导企业朝着规范化方向发展,与社员形成利益共同体,由此才有可能奠定中国农民专业合作社健康发展的人才基础[1]。

根据由北京共仁公益基金会、北京梁漱溟乡村建设中心开展的面向各类农业经营主体的问卷调查,对于"农村经济发展最缺乏哪类人才?"这个问题,27.3%的受访者认为是新型农业技术人才,20.8%的人认为是市场开拓人才,17.3%的人认为是经营管理人才。也就是说,关系农业经营、市场开拓方

---

[1] 张晓山:《乡村振兴战略》,广东经济出版社,2020,第212页。

面的人才成为农业经营主体最为缺乏的人才之一。而在"乡村创业最应具备的能力"方面，高达42.4%的受访者认为"发掘并转化本土资源优势能力"最重要，其次为"群众组织动员能力"和"市场开拓能力"。一些来自西南偏远地区的受访者认为：村庄在深山地区，自然资源优越，少有污染，其实有很多可以发展的产业，但缺乏有想法、有魄力的人来做。对"乡村本土资源的挖掘能力"的重视，在一定程度上反映了新时期乡村发展的多元可能性，乡村创业者需要有更开放的思维去思考差异化的创业路径，这无疑对合作社带头人的经营管理能力提出了更高要求。

作为乡村振兴诸项工作的一部分，人才振兴工作只有内嵌于乡村发展整体机制和组织建设中，才可能收到持久效果。所谓"乡村发展整体机制"，既包括新型集体经济运营机制的完善，构建体现"村社理性"、融合"治理、发展、福利"功能的村庄运营主体；也包括以"综合性合作组织"为代表的村庄内生组织发育。相对于外部性的人才支持力量，社区合作组织等村庄自主的内生性发展机制将提供乡村振兴人才生长的土壤，并具有良好的人才适切性、低成本性、低风险性、高融入性等特征。

在合作社人才培养方面，政府大类培训项目在乡村人才培育工作中发挥了相当大的作用，特别是其专业性、政策性与正规性受到很多农村创业者的青睐。同时，形式化、任务化、形式单一等问题是政府类培训明显的短板。当下中国一批长期致力于乡村发展的本土公益机构的合作社人才建设展现出较好的综合性、灵活性与价值性。这些体制外培训机构强调将乡村人才建设、发展能力提升与"生产合作、生活共济、文化共生、生态共享"的发展愿景相结合，提供形式多样的参访、交流和参与式技能训练，并在潜移默化中以志愿精神、献身精神感召返乡者，事实上是以教育服务乡村振兴人才建设[1]。

合作社成员的培训与学习是至关重要的，因为合作社教育是以合作社的发展为目的而进行的关于合作意识、合作社知识、合作社经营管理等方面知

---

[1] 吕程平、游睿山等：《社会力量参与乡村振兴：框架、路径与案例》，社会科学文献出版社，2021，第51页。

识和经验的培训,合作社教育可以很好地促进合作社成员关心和参与合作社发展的公共事务。

著名的平民教育家晏阳初先生曾指出:"合作社决不仅仅是借钱而已,而是养成农民合作的观念、习惯和技能。"因此,合作社建设的目的就是通过对合作社成员的教育和培训,帮助他们深入了解合作社的原则和制度,培养他们的合作意识和团结精神,促进合作社的发展。而在国际合作社联盟提出的合作社七项原则里,教育也是合作社的基本原则之一。在国际合作社联盟通过的《关于合作社特征的声明》中指出:合作社要为社员、社员代表、经理和雇员提供教育和培训机会,以便他们更有效地为合作社的发展作出贡献。合作社还要通过重要的传播媒介,向大众特别是向青年宣传合作社的性质和优越性。

合作社是典型的人的联合组织——社员既是劳动者,又是所有者,更是合作者。我国《农民专业合作社法》明确规定了农民至少占成员总数80%,对于大多数的农民专业合作社而言,合作社教育就显得尤为重要。

在合作社的实际发展当中,培训与学习有多种多样的形式,内容也丰富多彩。这里仅举一例,这就是位于安徽阜阳的南塘兴农合作社。

南塘兴农合作社的负责人杨云标在2014年发起了一项团队建设的运动项目——毅行徒步。合作社的成员和返乡青年分为3组,每组5人,从颍州西湖徒步15千米到阜阳市区。每一组要全体成员到达终点才能算作完成任务,这样一个徒步的过程是一个合作和相互学习的过程。

扩展阅读:关于合作组织内部建设的一般讨论[①]

社区合作组织的建设,本质上来说,是对村社内部人员、资源动员与培育,使其能呈现出个体层面或分散状态下不具备的结构、层次与功能;任何真

---

① 吕程平:《生态文明的社会发展理论:广义信息、高质能量与人的发展》,东方出版社,2021,第28页。

正意义上人的组织形成过程,同时也是组织知识库、组织能力和组织文化的形成过程,一个不具备如上因素的组织,是不可能期待其在组织意义上行使相应功能的。因此,包括农民合作组织在内的任何组织的形成,实质是人员、资源等经特定渠道呈现出特定样态的过程。而这样的组织化过程,同时发生在可见和不可见的层次。

在可见层次上,我们常观察到,具有不同结构和功能实现的各个环节单元出现在组织内部;在不可见层面上,是成员对于组织的一定程度的认同感和归属感。也就是说,组织成员愿意遵从组织内部的行为规范,并将其技能、知识按特定方式纳入组织功能实现过程。其前提是组织成员认识到,自身经济发展程度、生活水平、精神状况是可以通过组织化过程得以提升,自身面对外界环境的不确定性,可以通过组织化的过程减少。而这样一种认知持久化的过程,会形成成员的组织化行为惯性与组织归属感强化。在现实案例中,人们常常在显性层面上,关注组织层级化或单元化建设,而忽视了组织规则的内化与成员的归属感。"无用之用,方为大用",事实上,组织化过程中不可见的部分,是决定组织功能的关键所在。归属感并非凭空产生,只有当个体认识到个体环境耐受性及可获得资源水平的提升与组织的发展有密切联系,能意识到自己是组织的必要组成部分,且在组织运行中体现自身意志——即参与组织管理,这样的"归属感"才有现实依据。

因此在组织化过程中,可以在实质上揭示三种结构化过程。第一种是最为明显的层面,即对人和物进行单元化和层级化,基于能力类型和水平区分的人群通过单元化形成较小的合作单位,这样的合作单位是组织功能链条上可识别的区块。组织一般会分为若干层级,这样的层级结构不仅仅起到管理的作用,也起到激励、配置等作用。单位与层级都可以在组织发展过程中具备所谓保护作用,这样的保护作用与恢复性有关,可以从外界冲击和干扰带来的不同程度系统变形来理解,其类似于一种韧性,或者说是与系统记忆有关的对于环境变化、干扰导致的系统局部扭曲的回复[1],这样的回复过程需要

---

[1] 闵家胤选编《社会系统等级结构研究》,中国社会科学出版社,2011,第15页。

直接受冲击的部分与系统其他部分的跨越区域边界的"合作性"协同来保持模式的完整统一性。

　　第二种结构是规则层面的，应当注意的是，这里所谓的组织规则，并非"挂在墙上"或"写在纸上"的规则，而是能够被成员内在化的规则。这样的规则内在化过程，是发生了一种个体面向组织的对象化，是以组织的一部分特质替代自身的一部分自由，是使行为受到一种人为规律的外在化的约束。然而，比这样的规则内在化过程更重要的是组织对于自身的认知和文化的建立。简单地说，是组织在环境中定位自身的文化系统，以明确"组织到底是干什么的"。

　　任何一个组织，不论正式组织还是非正式组织，实际上都有一套或者被明确叙述、或者被环境和组织成员认识到的组织文化，其功能在于识别内外信息、处理内外信息。这套文化系统可以具体化、人格化为某个组织的核心成员，也可以是一套组织成员共享的规则、规范、价值观等。规则层面的结构，事实上为信息逻辑系统内在化的展现。所谓识别信息，在于从组织内外环境中识别哪些信息是与系统运行相关的。所谓处理信息，是针对内外环境的信息，做出组织应当如何行动的反应。这里特别应当注意的是，系统对于外界资源性信息的识别。资源具有宽泛的相对性，只有被组织文化系统确认为可通过组织特定功能化运行加以利用，并通过各种方式，最终带来组织内部有序性增强的，才被认定为资源。所以，资源也可定义为，能够被组织系统识别，并为系统带来正反馈的特质。

　　组织化的第三种结构为组织成员的心理认同结构。在本章南塘兴农合作社的案例中，我们将看到，组织早期的共同经历以及形成的对于组织文化的认同，成为之后组织发展过程中凝聚力的重要来源。

　　社区合作组织是对接外部资源使其服务于社区经济、社会、生态可持续发展的载体。同时，组织化程度也是社区内源发展统筹能力得以形成的前提和基础。

案例1：合作社管理团队收集社员意见的经验

山西省永济市蒲韩乡村社区覆盖两个乡镇（蒲州镇和韩阳镇）35个自然村，覆盖面积260平方千米，覆盖人口6520户25800多人，蒲韩乡村社区的社员共3865户，占两个乡镇人口的58%左右。

1998年，谢福政、郑冰（蒲韩乡村社区理事长）夫妇两人在黄河滩创办了以农资销售为服务内容的"寨子科技中心"，同时又给农民提供免费农业技术服务。2001年，他们又组织发起以妇女文化娱乐为核心的妇女协会。2003年，在男村民积极参与下，各项农民活动全面开展，在此基础上发展成农民协会，并于2004年6月在永济市民政局注册。之后的两年里，围绕寨子村周围35个村开展了文化娱乐、环境卫生治理以及各项经济合作活动。2008年，确定了蒲韩乡村社区今后十年的综合发展规划，开始了围绕社区公共需求和专业经济合作两条主线展开的发展之路。

迄今为止，山西永济蒲韩乡村社区内部共有以下几个板块：农资店、百货连锁超市、妇女读书文化中心、生态家园、有机农业联合社、农民技术培训学校、青年有机农场、老年康乐服务中心、儿童教育促进会、健康协会、红娘手工艺合作社、城乡互动中心、后勤部、财务部、社区办公室。

蒲韩乡村社区最基础的人员是在长期的工作中动员起来的3865户社员，这些社员都参与了协会一个或者几个领域的合作。他们每5户结成一个互助小组，并选出一位互助小组代表。在这些基本社员和互助小组的基础上，按照规范的合作社组织模式建立了监事会和理事会。在实际的运作中，协会有一个职业化的操作团队。这个团队的成员来自最初的农资联合购销团体和文艺活动团体中的妇女骨干，这些老骨干目前都已经成为某个部门或某个领域的负责人。团队后来又吸收了一些年轻人进入，目前已经形成了一个由35人组成的管理团队。

在这种管理架构下，协会拥有3865户会员，773个小组，35个理事，11个常务理事，5个监事。协会的规划是由11个常务理事和5个监事一同来完成的,干事来执行理事和监事们制订的规划,整体规划下的工作计划由每个业务部的主管来制订。协会在每年的冬季技术培训时召开一次社员全体大会,公布合作社当年的运行状况。

因此,在这个协会里,重大的决策基本上还是由35个理事来做,但日常的决策则是由11个常务理事和5个监事来做,这就避免了每一件事情都要经过众多成员一起讨论决定。除此之外,蒲韩乡村社区管理团队还有一套收集合作社成员需求和意见的工作方法和机制,从群众中来,到群众中去,这是对他们工作方法最好的总结。管理团队成员经常入户调查,并且要求学习总结入户调查的经验技巧,每个月还有访问多少户的指标要求。比如青年有机农场管理团队成员每人包50户,有机农业联合社管理团队成员包200户,红娘手工艺合作社管理团队成员每人包20户等。有效的小组工作方法,这一套是郑冰从早期创建组织的时候就在实践的,先找一个骨干出来,再一个好汉三个帮,一圈人围着他。一个人带一群人,这就是小组的概念。小组的领头人最重要,他要学会怎样团结人,怎样讲话,怎样布置任务。培养和带管理团队也很重要,不仅要组织学习,更重要的是要组织团队讨论社区未来发展规划。这样的讨论不仅能够提高成员的认识水平,还能明确社区发展愿景和目标,给大家带来前进的动力。2008年,蒲韩乡村社区做了一个十年规划,而每年每个部门以及每个员工都要做年度规划。社区规划体现的集体思想深入人心,目标分解、层层实现的规划手段和方法在这个过程中也得到了应用。

案例2:如何用破解"民主"的议而不决——南塘兴农合作社开会的经验

杨云标是南塘兴农合作社的负责人,他一直致力于推动乡村建设,在合作社实行民主管理,但他发现农村开会是个大难题。"一是容易跑题,你说东,他扯到西,跑得没个边了。而且老人家特别爱摆掌故。一开头,我给你们讲个故事,这一讲就收不了场。二是一言堂,谁是领导一开会就说个没完,一个会就全是他讲了。三是野蛮争论,一讨论问题,就容易质疑别人的品德,习惯抓住人家一个词不放,搞得会议没法开。"

农村会难开,杨云标对此深有感触。一位专家与杨云标聊起来,告诉他国外有个罗伯特议事规则,就是专门解决开会的种种问题的。杨云标表示要围绕农村开会三大问题,挑选有针对性的条款。最后,罗伯特议事规则删减成南塘的13条开会的规矩。

罗伯特议事规则要求发言者先表明立场,再说理由。一开始,杨云标也不理解,我想怎么说就怎么说,为什么要这样。后来发现有道理,因为中国人总是怕得罪人,一说话总是先扯远,先谈理由,最后再说支持谁的观点。绕来绕去,这样开会效率很低。有没有办法解决呢?

专家给出了解决开会跑题的一整套方法:一是要有针对性,就是议题必须具体明确,例如议题不能是"如何完善个税制度",而必须是"应该把个税起征点调整到5000元"。这样大家就可以针对这些观点有的放矢地讨论。二是建设性,会议只能有一个议题,每个议题要有一个表决结果,代表会议的多数意见。三是深入性,就是通过"修改"机制,让大家深入、务实地讨论问题。

怎么解决村民开会吵架,野蛮攻击的问题呢?

南塘兴农合作社13条议事规则规定主持人中立,辩论双方面向主持人,避免双方直接争论。也就是说双方是向主持人陈述,而不是互相质疑。专家向村民介绍,一定要举手起立发言,通过举手、起立,让发言人无形中遵守规则。每个人的发言次数有规定,让每个人都有机会。主持人掌握均衡原则,一方发言后,肯定让另一方发言。不同意见的对手之间直接对话,是规则所禁止的。发言的时候不能拖拉延时,不能强行要求发言,在别人发言的时候不能插嘴。在杨云标看来,这样的细节是民主得以实现的必要条件。否则,发生分歧就互不相让,各持己见,吵得不可开交,很难达成统一的决议,什么事也办不成。另外,开会的时候对别人进行道德评判也被规则禁止。

那么,"顺大溜"问题又怎么解决?

杨云标说,以前村民开会表决有两类问题。一类是有了提议,大部分不反对,也不支持,因为面子问题,怕得罪人,所以弃权多,这在农村非常普遍。另一类是对于他人的发言,只要有人先支持,会议表决就会一边倒,顺大溜,能坚持个人意见的少。村民通过一些案例知道了,弃权对自己不利,弃权越多,自己不喜欢的提议通过的可能性就越大,所以一定要鲜明表达赞同或反对的态度。通过例子,村民们明白了开会顺大溜其实对自己不利。

没有领导,这会咋开?

在13条开会规则中,村民最难理解的是:为什么主持人不总结?按照习惯,领导主持开会,到最后都要总结发言,好像民主地归纳了大家的意见,其实是把自己的意见说了。按照罗伯特议事规则,主持人是不发表意见的。村民弄明白了:主持人不是领导,领导可以当主持人,任何村民也可以当主持人。但大爷大娘们还是认为主持人最后还得总结一下。否则心里总觉得空落落的。虽然有了表决,总好像大伙没有统一意见,不是一个圆满的会议。

杨云标认为他们对领导总结的期待,其实是内心期待别人为自己做主。农民不会表达自己的意见,一定要有人替他们发声,替他们总结,心里才踏实。有村民说,主持中立就是"主持人不能最先把手举得老高","主持人先表决,就得不到真正解决"。看到这些变化,杨云标感叹,谁也不得罪的老好人文化在农村根深蒂固,但使用罗伯特议事规则,就能用主持中立、弃权无效来破解这种常见的老好人文化。

南塘版"罗伯特议事规则"如下。

第一条 会议主持人,专门负责宣布开会制度,分配发言权,提请表决,维持秩序,执行程序。但主持人在主持过程中不得发表意见,也不能总结别人的发言。

第二条 会议讨论的内容应当是一个明确的动议。动议,就是行动的建议。动议必须是具体的、明确的、可操作的行动建议。

第三条 发言前要举手,谁先举手谁优先,但要得到主持人允许后才可以发言。发言要起立,别人发言的时候不能打断。

第四条　尽可能对着主持人说话,不同意见者之间避免直接面对面地发言。

第五条　每人每次发言时间不超过两分钟,对同一动议发言每人不超过两次,或者大家可以现场规定。

第六条　讨论问题不能跑题,主持人应该打断跑题发言。

第七条　主持人打断违规发言的人,被打断的人应当中止发言。

第八条　主持人应尽可能让意见相反的双方轮流得到发言机会,以保持平衡。

第九条　发言人应该首先表明赞成或反对,然后说理由。

第十条　不得进行人身攻击,只能就事论事。

第十一条　只有主持人可以提请表决,只能等到发言次数都已用尽,或者没有人再想再发言了,才能提请表决。如果主持人有表决权,应该最后表决。

第十二条　主持人应该先请赞成方举手,再请反对方举手。但不要请弃权方举手。

第十三条　当赞成方多于反对方,动议通过。平局等于没过。

小结

民主制度是合作社的最根本制度。南塘兴农合作社成立以来,他们享受着民主带来的做人的尊严,感受着群众力量的伟大,但也常常困于民主带来的无休止的争吵和无谓的内耗。民主不是万能的,什么事情并不是只要民主了就可以解决了。有些事情也会因为民主搞得一团糟。因此我们对合作社的民主制度应该有正确的理解。

案例3:南塘兴农合作社的发展历程①

(一)南塘兴农合作社概况

安徽省阜阳市颍州区位于淮河北岸的江淮平原腹地。当地土壤肥沃,气候温润,是一个粮食生产大区。阜阳主要农作物为小麦、玉米、大豆,经济作物有生姜等。近年来大棚蔬菜、花卉生产在当地发展规模大,产品行销全国市场。历史上的阜阳因地处大江大河下游,灾害多发,经济落后。1949年后,伴随着淮河、黄河治理,生态环境与生产条件逐步改善,阜阳发展成了有名的平原高产农业区。

南塘兴农合作社隶属安徽省阜阳市颍州区三合镇三星村,地处三合镇西4千米处。2016年2月统计,合作社有社员700余户,来自南塘村周边3个社区。南塘兴农合作社是《农民专业合作社法》公布实施后,于2007年初注册的安徽省第一家乡村合作社。合作社设有老年协会、妇女文艺队、儿童图书馆、农资统购统销小组、兴农合作社便民服务中心、生态种植小组等,是一家正在蓬勃发展的乡村综合服务合作社。

(二)南塘兴农合作社发展基本历程

南塘兴农合作社的建立与发展经历了四个阶段。

第一阶段:理性维权建立了群众威信

1998年,南塘村民因村干部作风与农户负担重等问题上访反映情况未果,曾4次进京。西北政法大学法律专业毕业,正在南塘家中准备律师资格考试的杨云标意外地参与其中。当时杨云标25岁,正是敢想敢为的年龄,他应用所学知识,引导大家实事求是地上访反映问题。2017年回忆当时情景时,杨云标很感慨:"我当时其实算是个理想主义者。"

这次上访最终查明时任南塘村支书、村主任、文书挪用与贪污7万余元,均被免职。这一历时两年的事件对于南塘当地的村民是一堂生动的廉洁教育课。总结这一经验,村民获得了反映问题要依据法律的理性认识。2001年

---

① 本案例由中国农业大学教授胡跃高撰写。

3月7日,三合镇7个村约30位村民通过了《三合农民维权协会章程》,共同成立了"维权协会"。此后不久,因农民补贴问题协会组织村民向上反映,使问题得以迅速解决。协会理性活动显示出力量,增强了群众的信赖。

2001年4月,南塘村村委换届选举,参加维权协会工作的唐殿林高票当选村委会主任,杨云标被选为村会计兼文书。至此杨云标经历了从理性反映问题开始,到取得群众信赖,再到被选举为村级领导的完整过程。从合作社集体的发展角度看,协会骨干在行动中赢得了村民的基本信赖。

今天回头来看,尽管村民反映的问题看似普通,但对南塘群众意义可不一般,而且事件过程与事件本身都十分重要。第一,群众得到了理性锻炼,这也为团结群众、积极合作行动打下了好的基础;第二,活动赢得了乡镇与区政府对群众意见的重视,建立了良好的新型干群关系;第三,乡村社会正能量上升,为后来的合作社发展打下了基础。

第二阶段:初期合作结硕果

2002年,杨云标应邀参加中国乡村建设论坛交流,会上见到了国内关注乡建工作的部分专家学者,南塘兴农合作社的故事逐渐向社会传播开来。2003年《中国改革》杂志社的刘老石带领大学生支农队28人来到南塘调研。受调研活动启发,南塘以村民骨干为基础成立了"老年协会"和"妇女文艺队"。村里老人、妇女积极参加,开展文娱文化活动,老年人、妇女到合作社演唱民歌、戏曲,村民刘世勤、时永清还把村里的好人好事编到歌曲里,这些文艺活动让群众热情高涨。

2004年,在老人协会、妇女文艺队基础上,筹备成立"南塘兴农合作社",取代原有维权协会。这是一次成功的华丽转身。

从2004年开始,合作社组织种子、化肥、农药统购统销。合作社派人到生产厂家或高级代理商处议定低价统购农资,再以低于市场价格销售给社员。减少了中间流通环节,物美价廉,降低了社员生产成本与假货风险,受到大家拥护。这项工作一直延续到了今天。合作社春季和秋季统购统销化肥有时多达200多吨,农资经营部的工作人员甚是繁忙。

经销农资工作启动后,合作社发现缺乏初始资金,其经营活动受到制约。于是他们转而启动资金互助项目。2005年开始时资金互助实行单独股份制,每股200元。2006年资金互助项目与合作社股份合并。2009年阜阳市银监局与中国人民银行阜阳分行来到合作社调研,指导、规范了合作社开展的资金互助业务,规定在合作社社员内部发放。之后这项工作一直坚持进行。2010年资金互助项目有存款近40万元,存款人有200人左右,当年社员借款30万元,资金流动性较好,达到除规定储备金外全部借出水准。有关业务能力得到群众与管理部门的肯定。

这一阶段发展的重要意义为,根据《中国改革》杂志社刘老石2003年来南塘调研时形成的指导意见,南塘村民由维权形成的群众组织及时转向合作社发展方向;成立文艺队、老年协会,在当地产生了良好社会影响;开展农资服务,进行资金互助,合作社发展初具规模。

第三阶段:持续发展经受磨炼

2006年10月,《农民专业合作社法》正式通过。兴农合作社得到消息后立即申请,成为安徽省注册的第一家农业合作社。合作社于2007年成立,当年有80多户社员在原有基础上登记加入,覆盖3个行政村。成立后的南塘兴农合作社继续在老年协会、妇女文艺队、农资经营部等方面发展。

2005年之后,属于长江经济带东部区域的安徽省,受江浙沪经济与东部地区城市化发展影响,农村经济弱势地位显露,打工成为村民的必然选择,乡村建设受到较强烈的冲击。2007年成立的合作社面临多方面考验。2008年合作社曾与区农委合作,成立"沼气工程队",为社员建设和维护沼气池,到2013年累计建成了300多座沼气池。但这项建设工程因主要劳动力进城,养殖业衰落,今天除个别沼气池在沿用外,大部分遭废弃。

合作社与原有的维权协会在性质上存在巨大差别,所以在合作社发展初期,部分社员因"政见不合"、名利关注点不一致等,发生争执,有的选择退出了合作社。老年协会、文艺队与后期的合作社发展也面临考验。实践教育了社员,大家对合作社的发展变得更加珍惜。2017年作者走访南塘村时见到10多位合作社的老社员,交谈中深深感到大家爱社如家的真情。

2010年,合作社成立高粱小酒坊,自酿高粱酒"南塘大曲"品牌经营先是以低于市场(比同类白酒价格低一半)价格供应社内居民,经质量检验合格后开始在市场上流通,逐步获得市场认可,建立了信誉,成为合作社发展的重要经济支撑。

在这一阶段中,合作社经受了来自社会经济发展的冲击与内部成员不同思想认识斗争的考验,寻找到了符合自身特色的新的生存之路。

第四阶段:夯实基础,稳步发展

2004年合作社初建时,入社人数曾经达到80余户;2007年正式登记时为200多户;2014年时合作社社员有415户,养老资金互助合作方面为273户。社员分布在三合镇的28个自然村。近年来吸收部分乡村经济发展中的经营能人入社,进一步增强了合作社的活力。如今,合作社已经进入稳步发展状态。

2007年,因合作社公共活动需要,由乡村建筑师谢英俊设计,合作社动员社员集资建起了坐北朝南的合作社办公楼。合作社从此有了自己的家。乡亲们至今想起当时的情景都激动不已。2013年,在东侧由北向南连体续建了4间两层房屋,2015年继续向南延伸出5间建筑,2016年完成了南部戏台与围墙、大门的建设。在此过程中,合作社集体经济持续发展,从开始的零资产,发展到今天500余万元的资产总额。

2011年7月,合作社调整社区互助金融,调整养老资金互助等项目,相关工作稳步发展。到2016年,合作社金融资产累积到300多万元。当年为社员提供贷款200多笔,总计900多万元,收入30余万元。合作社金融活动坚持按规定办事原则,未出现过呆账坏账。2017年以来,流动资金进一步增加到360多万元。此外,"南塘大曲"信誉度持续积累,连年发展。2016年酒厂利润达到20万元,成为合作社的重要经济支柱。

农资经营方面的工作在持续进行。2016年由中化化肥生产的好苗子复合肥进货价82.8元/40千克袋,售价85元,每袋给负责销售点让利3元。我们访问南塘时刚好遇到销售点代表大会讨论2017年销售价格,2017年同品牌肥料进货价上升为85元,讨论会议定售价为90元/袋。这已是合作社的议事定制,大家的事情大家做主,有关工作长期受到大家的拥护。

2016年开始,合作社联系接手厦门阅读项目,启动"班班有个阅读角"的活动,项目给参与活动的每个班提供50本书,学生自己负责管理,间隔一定时间后,班与班间交换阅读。合作社每周都派人到学校为每个班组织一节课的读书活动。这项活动至今在南塘小学坚持进行。作者与合作社现任图书管理员龚剑华一起参加了一次二年级的读书活动,感知这是深受小朋友欢迎的活动。

(三)合作社里的带头人

从维权协会到合作社,南塘集体的核心骨干始终未变。他们包括今天村里德高望重的一群老人家与少数年轻人。其中杨云标是最年轻的一位。这样的组合好比是"众星捧月"。"众星",指平均年龄在70岁左右这些老人家,"捧月",指在合作社的多次选举中,大家都选杨云标当理事长。这样的组合保证了近20年中合作社始终能克服困难,稳步发展。

20年前,乡村社会几乎被清一色的读书进城谋生活的观念笼罩着。当年25岁的杨云标舍弃常规的到城市发展的路径,毅然投入乡亲们的集体之中,一路走到了今天。伴随着合作社发展壮大,杨云标不断成长。

在初期的维权过程中,杨云标是依靠自己的真诚与法学专业知识参与依法理性维权,最终获得了公正的结果。这一过程中体现了他政治觉悟高、有大局意识、有智慧、敢于担当、协调能力与执行能力强的素质。

2002年,杨云标辗转到北京,参加中国乡村建设论坛,介绍南塘经验,引来2003年刘老石带领大学生到南塘调研,然后及时调整思路,走上了合作社发展道路。

从2001年成立维权协会到2011年前后合作社调整,大约10年的时间里,南塘乡村集体历经维权到经济合作的转变,有关工作涉及内部人员结构、思想与行为的调整,也涉及合作社集体与村里受维权影响的村民关系的处理,还有与乡镇、区县及地市管理部门关系的处理,以及与国内乡建、合作社、学界等一系列关系的处理。这次转型使合作社一步步走向正轨,发展壮大。

近20年的操劳,杨云标付出了青春年华,牺牲了个人利益,但也收获了沉稳冷静,收获了更多智慧,收获了社员的信赖,收获了朋友们的尊重。2002年杨云标应邀参加中国乡村建设论坛;2005年,参加"公民社会国际论坛",被评为"2005年度公益人物";2008年,被评为"中国年合作经济年度十大人物";2011年应邀参加联合国可持续发展青年领袖论坛,同年被《南方周末》评为"2011年未来力量人物";2012年,描写南塘兴农合作社的《可操作的民主》一书被新浪网评为2012年十大好书之一;2015年,被三星村"两委"评为"三星好人"。杨云标已经成长起来,成了乡亲们的主心骨,成了国内乡村合作社领域的名人。

(四)合作社的核心与团队建设

南塘合作社的核心团队是在持续的集体活动与工作中建立的。这里列举部分合作社的核心成员,他们是近20年支撑合作社发展的群英榜人物的代表。

唐金铎,原中国农业银行阜阳支行程集营业所领导,退休后回到南塘村。他积极向三合镇党委与原工作单位党组织反映情况,坚定支持村民理性维权。2004年合作社成立后,他积极参加老年协会,支持文艺活动。有一次宣传活动受到个别人阻挠,他大声问道:"我们宣传党的方针政策,为什么不可以?"阻拦者自知理亏而退,保证了宣传活动继续进行。2017年作者两访南塘,多次见到已经高龄的唐老,老人身体硬朗,依然在关心农资服务,关心合作社发展。

王秀华,原村妇联主任,群众威信高。改革开放后曾带队去浙江组织当地群众集体劳务输出,圆满完成任务。1997年回到家乡,王秀华听说村里发生超量提留粮食情况,在理性维权中参与了清账工作。2004年后转入老年协会,担任文艺队长,在基本没有经费的情况下,组织起20多人的文艺队,排练了唱、拉、小品、相声等节目,老年协会还组织了划旱船与秧歌队,达到几百人的规模。文艺队自编自演节目,积极参加当地村庄庙会与其他群众活动,曾去县电视台表演,也去外地进行文化交流与表演。2017年作者到南塘谈到文艺队工作时,王秀华认为乡村传统文艺与文化活动十分重要,合作社要继续做好传承工作。

时永林,家住时小寨,大家尊称"时校长",曾担任当地多个村校校长,德高望重,1997年退休。2004年合作社成立后,负责肥料农资经营管理及合作社组织管理工作。2017年作者到南塘时,时校长因带状疱疹在家休养。我们去家中访问时他表示合作社最开始非常困难,只有2400元钱,只能依靠大家努力克服困难,然后才慢慢发展起来。到2009年,资金互助发展到了20万~30万元的规模。

王思林,中共党员,东王庄人,1998年参加活动,对集体经济积极性很高,大力支持合作社建设,已去世。他的爱人杨素芬至今仍在坚持积极参加合作社的建设,我们访问南塘时的几顿饭就是她起早贪黑做的。

刘世勤,2003年参加合作社建设至今。刘世勤是乡村能人,电焊、修车样样都行,在文艺活动中他是鼓手,还能随时将国家政策与生活中的趣事编成节目,文艺队的好多小品就出自他手。刘世勤长期担任合作社酒厂会计,立下了汗马功劳。

时永清,退休人员。2003年加入合作社,曾介绍时校长参加合作社活动。善拉二胡,又能编写剧本,是文艺队的骨干分子。他编写的节目至今被人传唱。

刘金全,中共党员,后陈庄人,为退伍军人。2004年参加合作社活动至今,为合作社骨干。他是全合作社的理发师,作者曾花5元钱理发,领教过他的本领。

时永金,时小寨人,长期担任时小寨村领导。2004年加入合作社,善拉板胡,曾担任文艺队副团长到2015年。长期参与合作社的农资经营及其他管理工作。

此外还有张俊贺,原孙庄大队老支书,1998年支持理性维权活动,后参加老年协会;王绍成,中共党员,西王庄退休工人,曾赞助老年协会,积极参加扭秧歌等文艺活动;王思敬,盖大楼时昼夜看管工地,对合作社忠心耿耿;唐殿林,1998年维权行动发起人,2001年当选为村委会主任,是合作社副监事长;唐殿华,中共党员,1998年维权行动发起人,曾任老年协会会长,管理合作社财务;贾洪英,女,72岁,1998年维权行动发起人;谭浩清,从乡长岗位退休后在家,曾支持老年协会工作,参加文艺活动,是鼓手;余桂英,2005年参加文艺队,曾与小香玉同台演出豫剧《花木兰》选段。

2012年后,合作社进入了新的发展期,一批新人陆续入职合作社。王凤仙,2013年入职,负责财务,兼管后勤工作,她在合作社工作几年中入了党,还当选为镇人大代表,对工作信心满满;张永芬,2013年入职合作社,已经成长为得力的工作者;晓艾,曾在一家民间教育机构工作,后进入南塘刘老石图书馆(2011年刘老石去世后,合作社图书馆更为此名,以示纪念),同时负责图书角合作项目,2018年开始从事合作社华德福幼儿园的创建工作;龚剑华,广东韶关南雄人,2014年毕业于成都理工大学旅游管理专业,从事刘老石图书馆管理工作,兼负责南塘小学图书角工作,3年来已深深爱上南塘合作社。

此外还有闫秀秀,2015年入职,负责农资统购、居家养老、年货统购、敬老文化节等工作;王振凤,2016年初入职,负责社区工作;何丽,2016年入职,在社区团队工作;芳芳,在合作社社区团队工作;王霞,2016年8月入职,负责居家养老工作;唐玉,2017年入职,负责合作社资金互助项目;杨振,负责综合服务工作。

今日合作社团队核心成员有老有少的年龄结构,决定了今后5~10年中,合作社团队将处于新老交替的时期。稳定传承合作社前辈人的作风、精神与传统,在此基础上因势利导,坚定推动合作社稳步健康发展,正成为越来越重要的任务。

案例4:平武县关坝养蜂专业合作社案例[①]

(一)养蜂合作社的成立

平武县处于绵阳北部,四川盆地西北部,这里生态资源丰富。2009年6月29日,平武县关坝养蜂专业合作社正式登记注册。平武县是2008年大地震的重灾区。政府的灾后重建开始后,政策层面要求鼓励村集体发展集体产业,公益组织"保护国际"(后分为北京山水自然保护中心和保护国际)和平武县王朗国家级自然保护区准备推动水源保护的项目。这些项目最终落户关坝,成为后期合作社成立的契机。项目做什么呢?项目组召集大家梳理村庄的资源,当时全村还有90多亩耕地,都是山地,无法进行机械化和规模化种植,所以在种植上基本无法突破。养殖方面,当时全村有10多家放养山羊,密度太大,对植被破坏很大,一些山头变得光秃秃的。从环保角度看,传统养殖业也不是好的选择。从区域市场看,平武县户籍人口18万,乡村人口就占到15万,县城人口很少,主要是行政单位和教育单位人员构成的工薪阶层。这些人大部分都在平武上班,在绵阳买房居住。所以平武的农产品在本地卖不上好价钱。而选择养蜂,是因为养蜂是对环境友好的产业,可以保护环境和水源,而且养蜂还有项目投入少的优点。同时,关坝地区面积为98平方千米,森林覆盖率达95%以上。这里的山区村民一直有养蜂的传统,只是因为没有当产业来做,蜂蜜价格很低,一般是8元/斤。合作社希望通过养蜂产业,打通外部市场,增加村民的收益。

(二)养蜂合作社的运行

合作社成立初期有公益项目支持,所有产出的蜂蜜都可以通过项目销售。所以在开始阶段,养蜂合作社最大的作用就是发展生产,学习技术,提高产量。因为村子里养蜂都是采用所谓的自然农法,对于技术没什么研究,于是项目组请来养蜂的实操老师。这些老师很认真,他们住在村里,还到蜂场实地手把手地教,办田间学校,在蜂场实地教大家技术,并给予优秀学员外出

[①] 本案例由四川平武关坝养蜂专业合作社李芯锐撰写。选入时编者有大量改动。

考察机会,从而调动大家的积极性。合作社里有十多个优秀学员,先后到雅安等地的养蜂合作社去学习取经。当时的有利条件是不用管销售,但隐患也是从这个时候埋下的,因为一个合作社生存最重要的环节是销售,甚至可以说合作社存在就是为了解决销售的问题,不管是规范生产,还是监督品质,都是为销售做铺垫。养蜂有一个很棘手的问题:蜂蜜造假。合作社的应对之道是:从源头控制,选择诚信的大户加入合作社,因为大户才会有动力建立长期合作关系,会比较重视合作社提供的销售渠道。合作社与大户之间以合同约束,蜂蜜自然成熟之后,大户会告知合作社。合作社理事会成员来到现场一起参与取蜜,现场初检蜂蜜的自然成熟度。如果在标准范围内则直接拉走入库。

突破销售困难的方法是主动走出去,合作社打出"生态路线牌",抱了50瓶蜂蜜到北京,一家一家拜访有机食品店,留下两瓶蜂蜜和名片,终于签到第一笔订单。

(三)合作社是如何管理的?

合作社内部管理是采取股东和会员并行的方式。因为合作社成立时是由村民出资,每个加入的村民都投了500元。这些出资的村民成为合作社股东。社员有养蜂的,但大多是不养蜂的,换句话说是"等着分红的"。因此,我们选择有信誉的周边大户签为会员的方式来解决产量和保障质量的问题。利益分配的比例是纯利润的50%作为股东分红。由于村委也是股东,这就增加了集体收入,使得所有村民都可以从中受益。项目组也是股东,他们前期给合作社的投入算股金,保留分红的权利,但不拿走。根据村庄和合作社的具体情况来协商他们的分红款投入村庄的哪些方面。纯利润的10%给会员返利,其实会员最主要的权益在于首先享受市场价的采购,然后才是根据与合作社的交易额,享受合作社的红利;15%作为理事会成员的补贴,理事会成员是合作社运营的实际管理者,合作社规模小,没有办法开工资,但是做事情的人也不可能白做,所以提15%的比例作为工作的补贴;5%作为公益储备,用于合作社回馈社会的投入;20%作为合作社的运营收入。

（四）合作社的出现，带来了哪些变化？

首先，合作社的出现拉高了整个平武县蜂蜜的售价。之前售价过低主要是由于平武县相对闭塞的缘故。其次，对于村子来说，养蜂逐渐替代了以前的养羊产业。再次，增强了大家的环保意识，提升了村子的知名度。从合作社成立到2013年，合作社下设巡护队一直在开展巡视保护森林工作，但是山区靠山吃山是传统，要做保护相当于要断别人的生计。虽然合作社也宣传保护环境的重要性，但是效果不明显，对于村民来说也是一个逐渐接受和改变认识的过程。随着合作社的发展，逐渐形成一点点知名度，小山村也慢慢地被更多人知道。最后，吸引年轻人返乡创业。通过合作社的宣传，开始有一些在外边打工的小伙子回到家乡加入合作社。村子有了一帮年轻人做事，就让村子有了发展的基础。团队的能力、合作社的能力一定是大于个人的。有了团队，合作社在发展的道路上，才能克服一个又一个的困难。

2013年至2015年，村委会承担起保护森林的工作，让保护工作逐渐有了成效，但是又遇到村民参与度不高的问题。在项目组的推动下，2016年到现在，由保护小组开展森林保护工作。保护小组的理事长和巡护队员都对全村公开，大家自愿报名。现场演讲，现场投票，培训合格后签协议上岗，解决了村民参与的问题。

（五）回顾合作社发展历程，重要的事情有哪些？

（1）合作社的发起一定是先找到做事情的人。有了人，有了团队，没有机会都可以创造机会，而不是有了机遇有了支持后盲目创建合作社，否则容易以利相聚，利尽则人散。

（2）前期村子有没有愿意多付出的人很关键。带头人早期多付出一些，是后续发展的前提。

（3）村子的发展需要在村"两委"领导下形成合力。合作社的带头人也可能是村"两委"的人，这样做事情才会顺理成章。

（4）不要扮演"救世主"，利益分配一定要考虑全村的利益，但是不要搞"特殊照顾"，所有人要收获一定要先付出；无条件的"扶持"不是一种健康的方式，带来更多的是社区的矛盾。

(5)合作社要做到离开项目资助也能够活下去。对于政府资源,保守一点没有坏事。若没有资源也能活下去,这个资源则可要可不要。因此,要明确自己的需求,占便宜的动机会导致吃亏。

(6)发展产业尽可能对环境友好,我们的家乡是否宜居不是钱决定的,而是自然环境决定的。

案例5:袁家村合作经济与产业发展[①]

20世纪60年代,陕西省礼泉县袁家村还是远近闻名的"烂杆村"。1970年,年仅24岁的郭裕禄出任袁家村第36任生产大队队长,依靠过人的胆识和"只能用爱来交换爱,只能用信任交换信任"的教导,采取人心换人心的办法,带领群众,披星戴月,经历两个冬春,通过深翻改土、挖沙造田、打井修渠,硬是把400多亩地整整翻了个遍,106块合并成64块,全部变成了平平整整的保水、保土、保肥的高产田,使粮食亩产量逐年上升:1970年,产量仅有一百多斤;1974年,产量达到712斤;1978年,产量达到1580斤;1979年后,产量一直稳定在1600斤左右。从而使过去年年吃粮靠返销的袁家村,一年就向国家上缴商品粮20余万斤,人均上缴1100斤,在咸阳地区十多个县中夺魁。之后,袁家村又先后办起了石灰厂、砖瓦厂、水泥厂,到了1988年,袁家村农工副业总产值达570万元,比1978年增长了40.7倍,全村固定资产达1800万元,比1970年增长了3158倍。全大队人均分配2500元,其中分配现金万元以上的18户。集体拥有固定资金1200万元,村民个人储蓄总额70万元;人均住房面积42平方米,户户用上了彩电、洗衣机、电冰箱等商品,70%的户安装了电话;村上办有商店、医疗站和文化室,群众看病、学生上学、用水用电均免费。[②]

[①] 本案例由张俊娜、刘亚慧撰写。张俊娜,博士,福建农林大学经济与管理学院硕士生导师,主要研究领域:乡村治理、合作社、农村生态资源价值实现等。刘亚慧,博士,主要研究领域为城乡融合发展、乡村建设等。

[②] 赵居阳:《袁家村的创业之路》,《陕西农业》1988第10期。

2007年，礼泉县提出"旅游活商"发展战略，在全县选取10个村试点发展乡村旅游，袁家村是其中之一。村委会通过"花20万元买点子"，并与专家学者共同商议，最终确定了"关中印象体验地"发展规划。2007年11月，成立陕西关中印象旅游有限公司，负责袁家村的旅游开发业务。同年，袁家村首期投入3500万元，建设关中戏楼文化广场和占地20亩的生态停车场，并建设了村史馆、毛主席雕像、保宁寺等；之后又投资1600万元，建设融作坊、小吃、民俗于一体的康庄老街。袁家村不同街区开发时间及模式见表2-1。

表2-1 袁家村不同街区开发时间及模式

街区名称	建设时间	经营范围	开发模式
农家乐街	2007	住宿餐饮	袁家村最早的一条街，2007年开始发展农家乐
康庄老街	2007	作坊展示文化创意品	最开始作坊和小吃都在这条街，后慢慢搬出去或仅作展示，逐渐发展成现在的业态
作坊街	2008	传统手工食物原料	引进外来手艺人，陆续成立作坊合作社
小吃街	2009	特色小吃	引进外来手艺人，2015年成立合作社
关中古镇	2010	各地小吃、传统手工艺	外来开发商独立开发
酒吧街	2012	酒吧	袁家村村集体开发
艺术长廊	2014	文化创意品	袁家村村集体开发
回民街	2015	回族特色小吃	与外地开发商合作开发
祠堂街	2015	全国各地特色小吃	与外地开发商合作开发
书院街	2016	世界各地小吃、传统手工艺	与外地开发商合作开发

2012—2015年，作坊合作社和小吃街合作社陆续成立，并新建作坊街和小吃街，搬离康庄老街。其间陆续引进外来投资，建设关中古镇酒吧街、艺术长廊、祠堂街、书院街等。2012年左右，陆续成立了油坊、豆腐坊、酸奶坊、辣子坊、醪糟坊、粉条坊、醋坊、面粉坊8个作坊合作社，这些合作社的经营者都是从周边村镇引进的手艺人，但他们已经陆续融入袁家村的旅游发展和社会生活，成为袁家村的新村民。小吃街最初和作坊一起在康庄老街，于2015年成立小吃街合作社，其商户同样是来自周边村镇的手艺人，并逐渐融入当地

的发展。与作坊合作社不同的是小吃街合作社的成立和管理有更多的村集体参与,其他商户或开发商是后续开发过程当中引进的统一开发商或者租赁商铺的个人,例如祠堂街是由袁家村和外来开发商共同开发并租赁给个人,他们并没有参与到合作社的利润分配。

杨帅、唐溧、陈春文认为,为了留住外来经营者,在初始阶段,外来经营者因其文化创意和经营能力,在小吃街和康庄老街的经营性收入,完全归属于外来经营者。

出于对外部主体资源有效动员目的所形成的财产结构,也进行了相应的调整。为了进一步扩大农副产品经营规模,2012年,村庄精英相继与农副产品经营者谈判,积极吸纳村民和外来经营者资金,扩大生产规模,并且改变原有的家庭经营模式,建立合作社,形成股权,实现对袁家村村民和外来经营者的收益分配。2015年,在小吃街承诺免租金5年条款到期后,袁家村对小吃街也采用了合作社这一组织形式。在吸纳村民入股方面,相关的规定为:村民可用土地或现金入股小吃街。其中,土地每亩折算5万元,总额不超过20万元,不足部分,村民可用现金代替;土地折价超过20万元,村集体不退现金,全部折算为股金。另外,为了平衡小吃街经营收益差距,经营相对较差的小吃街外来经营者可用现金入股小吃街,共同分享小吃街经营收益,避免形成恶性竞争。

从袁家村多元主体间股权制度形成过程来看,无论是农副产品还是小吃街合作社,其成立均是在旅游收益显化的阶段,由此也奠定了袁家村多元主体间股权制度演变的内生性。在旅游产业发展初期,村集体在零成本的集体建设用地的基础上出资建设,形成经营性资产,再采用优惠的经营条件吸引外来经营者,共同形成袁家村"关中民俗"的旅游题材,从而获得因对袁家村整体空间资源开发而形成的综合收益。在旅游收益显化时,则由多元主体按照一定规则下的出资额形成股权,并按其分享80%的经营收益。[1]

---

[1] 杨帅、唐溧、陈春文:《内生性视角下的"农民变股东"——以陕西省袁家村为例看农村股权制度演变逻辑》,《学术研究》2020年第11期。

2012年，村内开始成立合作社，并设置多种股权。其股份制经营模式主要由5部分构成。

1.基本股。

2.混合股。

为盘活闲置资产，又便于把农户个体利益与集体利益紧密联结，袁家村将集体资产进行股份制改造，集体保留38%，其余62%量化到户，每户20万元，每股年分红4万元，形成混合股。

3.交叉股。

袁家村每一个商户、每一家农户的持股结构都不一样，既有资本入股，还有技术入股、管理入股等，加入合作社的农民既有袁家村的，也有周边其他村的，形成了混合持股的结构——交叉股。

4.调节股。

旅游公司、合作社、商铺、农家乐互相持有股份，共交叉持股460家商铺。村民可以自主选择入股的店铺，入股的村民范围已扩大到在袁家村的各类经营户，形成调节股。

5.限制股。

针对经营户收入高低不均的现实，村里将盈利高的商户变为合作社，分出一部分股份给低盈利的商户，以缩小他们与高收入商户的差距，形成限制股。

在合作社入股过程中，形成了全民参与、入股自愿、钱少先入、钱多少入、照顾小户、限制大户的局面。股份少的可以得到较高的分红，股份超过限额的分红就会相应比例地减少。

"比如小吃街上，你是第一家卖粉汤羊血的，一年能挣200万元。他是第一家做馒头的，一年卖3万元钱。200万元和3万元，差距这么大，自然就会产生矛盾，有矛盾不解决，第二天就会爆发。收入少的看到粉汤羊血挣钱，就认为一开始做馒头选的项目不好，然后改卖粉汤羊血，如果全换成粉汤羊血，小吃街肯定就得做死了。"郭占武说，成立合作社就是为了解决矛盾，入股后大家是一个共同体,是合作的关系。

以酸奶厂为例,最初让商户建厂,扩大经营,商户觉得没必要,生意已经很好了。郭占武就找到他说:"你原来是养牛的,连酸奶是什么都不知道。村里让你去学习,引导你来做酸奶,你要带领大家致富。"村里制定政策,扩大生产以后给这个商户留20%到30%的股份,保证他的收入,把项目做大,还能带动别人致富,商户也很高兴。而且只要村民参股,不管谁家生意做得好,都等于自己在赚钱,村民们盼着各家生意兴隆,就少了许多恶性竞争。袁家村作坊合作社基本情况及成立过程见表2-2。

表2-2 袁家村作坊合作社基本情况及成立过程(部分)[1]

作坊名称	股东数量 (单位:个)	总股本 (单位:万元)	成立过程
豆腐坊	96	230	2007年开始经营,2012年成立合作社并搬到作坊街
酸奶坊	140	331	与泾阳的一个酸奶厂合作,生产和加工都在泾阳
粉条坊	53	190	2012年成立,和一个油坊老板合作(马秋凤,泾阳人)
醋坊	108	345	新老板(原来在咸阳开醋厂)于2015年接手,村里让出100万股,把新老板引进来

2013年,袁家村成立陕西五谷丰裕农产品有限公司,将作坊街中销售比较好的产品进行批量生产,如食用醋、辣子、醪糟、面粉、豆制品等农副产品。村民可以通过资本、耕地或劳动力入股的方式加入。村委会、旅游公司以及五谷丰裕公司的管理人员是"一套人马",负责外部人员和村民的对接、村民内部的协调。

发展乡村旅游之初,村支书郭占武就把属于村集体所有的建设用地盘活,变成可量化的资产,按比例直接分配到每户村民的名下,这样每名村民的名下就有了可记名、可量化、可分配的股权,享有分红收益。[2]

村委将耕地的开发管理权交到集体手中,通过旅游公司出面与开办度假

---

[1] 欧阳文婷、吴必虎:《旅游发展对乡村社会空间生产的影响——基于开发商主导模式与村集体主导模式的对比研究》,《社会科学家》2017年第4期。

[2] 张凌云:《袁家村密码》,《新西部》2017年第14期。

村的合作方签订合同(合作方具有土地的使用权,并将度假村产权的30%划为旅游公司所有),而并非合作方一次性将耕地从农民手中买断。

2016年,袁家村要征地建一个停车场。郭占武说,征地200亩,村里只用了三天时间,村民都愿意拿地给村里建设项目,连一例上访的都没有。而且在征地费用上,尽管当时每亩地都涨到五六万元,但村上还是按照最早政府征地时候的三万九千元一亩的价格征用。村民主要是想把这个土地让出了,村里再搞一些项目,钱还是大家一起挣。

袁家村村民自主成立小吃协会、农家乐协会、回民食品协会、酒吧协会和手工作坊协会等,一旦发现有不合格的食材和食品当场销毁,立即关门整顿,情节严重的将责令其退出袁家村。每逢节假日,村里迎来大量的客流时,村民、干部都会自发地戴上红袖章走上街头维护秩序、打扫卫生,共同治理袁家村[1]。

目前袁家村本村有居民四五十户,其中70%的村民在"关中印象体验地"开办农家乐,20%的村民在"关中仿古小吃街"经营当地特色小吃店,如袁记老酸奶、卤水豆腐、油泼辣子、农家手工挂面、礼泉烙面等,剩余10%的村民从事其他工作。所有村民在节假日从事以上活计,在旅游淡季务农。袁家村"关中印象体验地"的旅游收入让袁家村村民集体致富,村民中收入较高的年收入达30万元左右,一般的年收入达15万元左右,最低年收入也保障在6万~7万元[2]。目前,袁家村有4个品牌输出项目,分别为青海西宁项目、山西忻州项目、河南郑州项目和湖北十堰项目[3]。袁家村旅游开发模式如图2-1所示。

---

[1] 张利庠、张喜才、孟德才:《袁家村的新集体经济发展之路》,中国农网,http://www.farmer.com.cn/2018/02/06/99827671.html,访问日期2022年3月15日。

[2] 杨瑾、崔永军:《发展乡村旅游对外村流动人口拉力作用分析》,《中国城市经济》2011年第24期。

[3] 张江舟:《袁家村:40年发展步伐与改革同频》,《陕西日报》2018年10月18日第9版。

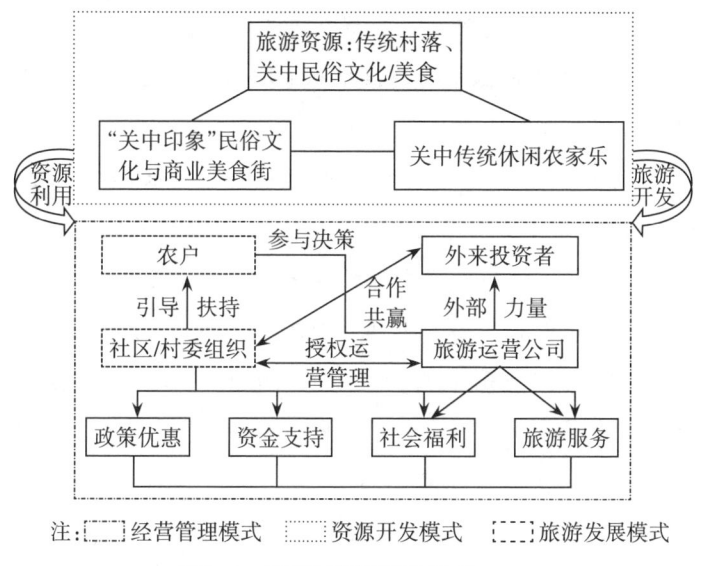

图2-1 袁家村旅游开发模式

注：▭ 经营管理模式　▭ 资源开发模式　▭ 旅游发展模式

案例6：兰考县胡寨村合作社的发展

带领村民走合作共赢之路，要从2004年说起。2004年初，在兰考县挂职任副县长的中国农业大学副教授何慧丽把王继伟送到河北定州翟城的晏阳初乡村建设学院学习，王继伟对新农村建设和新型农民专业合作充满了热情。但理想和现实往往存在很大的落差，王继伟兴致勃勃地回到胡寨村讲起自己外出参观的见闻，发动大家成立经济发展合作社，却遭到了意想不到的冷遇。但是，理想和信念让他没有灰心，2005年，他成立了"胡寨哥哥"合作社。"胡寨哥哥"合作社取义于"green ground"（"绿色大地"之意），其首字母"GG"的谐音是"哥哥"，"哥哥"又表达胡寨合作社像个大哥哥一样组织、带领社员生产生活，共赴小康之意。

胡寨村经济发展合作社成立后，结合胡寨村的实际，学习外地经验，努力探索新农村建设和农村合作之路，使村容村貌和村民的精神面貌都发生了巨大的改变。

为了合作社发展，王继伟调动全体村民的积极性，充分利用本土技术人才,带动养殖业发展。同时利用春节农民工返乡机会,吸引外地务工人员回村发展。以稳定可靠的收入为前提推动土地的合理流转,推动过程把握种养结构合理,协调大棚和养殖区结构比例,实现生态循环农业的发展。利用资金互助部进行金融支持,合作社为农户提供借款,为社员解决生活、生产中的资金问题。结合社员意见和相关专家指导,建立相应的风险控制机制。重点建立风险自救基金,提高农户应对风险能力。经过几年的摸爬滚打、艰难探索,合作社从当初的42户社员发展到160户,并发起成立了由19家合作社组成的仪封镇农民生产合作联社,共有社员1908户,合作社的各项事业也步入正常运转轨道。

(一)合作社五大服务职能

目前,该合作社已形成稳固的五大服务职能。

一是文化建设。合作社的功能远远超出了单一的经济合作范畴,而是以农村精神文明建设为己任。该村合作社积极推动各种有益的文化体育活动,组建了文艺队,利用农闲季节把村民集中起来,开展丰富多彩的文化娱乐活动,集体活动把村民间的感情拉得更近。文艺队开展了太极拳、广场舞、秧歌、腰鼓、盘鼓、健美操等各种形式的活动。每逢村里重大活动和村民婚丧嫁娶,文艺队都要参加,用健康文化活动改变旧习俗。王继伟在带领全村群众搞好产业发展的同时,时刻关注着群众的文化需求与素养。盘鼓队、腰鼓队、秧歌队、广场舞队、老年艺术团等娱乐健身活动团体的组建让群众有娱乐和情绪释放的空间,每年村内仅大型文化活动就有十余次。每年举办乡村文明树新风表彰大会,表彰乡村文明新典型,评选出"好婆婆""好媳妇",促进家庭和谐发展,共创社会新风气。村民积极配合村"两委"工作,每年村"两委"集体拜年,恢复本地良好风俗。

二是购销合作。胡寨哥哥合作社在生产合作过程中进行了多种多样的、满足社员需求的联合购销服务。比如农资购销、生活用品及蔬果配送等。

农资购销:推动村周边农业服务体系建设,提供零差价农资配送服务,社员统一购买化肥、农药、种子,建立合作社批发采购平台,让社员享受更多的实际优惠。生活用品:为解决食品安全问题,合作社购买了安全放心且由兄弟合作社生产的食用油、大米、小米、柿子醋、黄桃罐头、辣酱、大枣等物品,零差价提供给社员。

胡寨哥哥合作社秉承良心生产、良心加工、良心销售的原则,为广大市民提供健康安全的蔬菜,保障消费者吃上安心的蔬菜、水果。

三是生产合作。生产合作包括特色种植、规模养殖和农产品加工三个方面。特色种植:以蔬菜大棚为主,发展特色温室大棚桃种植,目前全村共建大棚56座,年产值达200多万元。规模养殖:小区式养鸡、养猪,统一购买饲料,统一技术,统一销售。其中养鸡每年出栏20万只,合作社及时了解市场信息,在市场波动前指导养殖户提前销售或缓后销售,使村民们规避了市场风险,增加了收入。农产品加工:2007年,合作社成立了粉条加工作坊,按照传统手工粉条加工工艺生产纯手工粉条。手工粉条、机榨食用花生油、酿制的小米酒供不应求。

四是信用合作。万事开头难,路途更坎坷。成立胡寨哥哥合作社之后,才知道里面的酸甜苦辣。合作社成立了,要带领社员致富,资金是一个现实问题。为解决社员生活、生产、发展的资金问题,胡寨哥哥合作社积极探索发展信用合作。2013年,发起成立胡寨哥哥农牧专业合作社资金互助部,截至2017年4月30日,社员互助金达到450余万元,借款余额400余万元,累计发放社员借款721笔,累计发放金额1332.52万元。其中仅出现一笔1万元的逾期,资金互助部积极与该借款社员进行沟通,并根据社员的实际家庭与生产情况做出还款调整计划。资金互助解决了一部分有闲散资金社员的资产配置问题,同时也解决了一部分想发展经济的社员遇到的资金短缺问题,极大地促进了胡寨的经济发展。

五是社区服务。合作社利用每年的集体经济收入为社员提供更为广泛的生产生活服务。2010年,合作社出资架设变压器和线路,解决社员的农业生产灌溉问题,确保旱年保收,节约成本,降低劳动强度。2012年,合作社利用积累的公益金建立了合作社自己的幼儿园,免费为社员的孩子提供三年的学前教育。2014年建自来水厂以来,合作社为社员免费提供安全的生活用水服务。2016年,合作社利用公积金购置了大型旋耕机、播种机、收割机、无人机等农业机械,为社员免费提供耕、种、收服务,还利用村集体经济收入为全村群众免费提供自来水服务。合作社还要进一步完善社区服务功能,包括发展生产、教育、医疗、养老等,不断满足群众生产生活需求。

合作社在注重发展生产的同时,一直坚持"物质和精神两个文明一起抓"的理念,先后组建成立了幼儿园、老年活动中心、娱乐广场。合作社自成立以来也先后得到社会各界的认可。

(二)培训制度两不误,规范队伍现代化

1. 讲座培训

为了促进农民素质、素养的提高,推动乡村建设的可持续健康发展,合作社每个季度都积极邀请各方面的专家来给广大村民开展免费讲座,讲座内容涉及农业种植技术、农机保养维护、保健养生、家庭教育、返乡再就业创业指导等各个方面。这在很大程度上帮助村民解决了生产生活等各方面的问题,促进在地村民知识技能上的提高。为了培养一支专业的乡村现代化建设队伍,胡寨哥哥合作社从一开始就特别注重加强对员工的工作技能技术、合作思想的培训。合作社上到理事长下到普通员工,都经常参加政府和一些公益单位的能力建设培训,不断吸取知识提升自己的能力。

2. 制度规范

目前合作社设有事业发展部、培训教育部、资金互助部、财务部、办公室等多个部门,部门之间相互明确分工,配合合作,共促发展。同时,也设立了完善的理事会、监事会、社员代表大会制度。每年开年开一次年会,向所有社员公布合作社一年发展经营情况,由社员按照一人一票的投票方法,对各项事务进行满意度评价和表决;每季度理事会都会召开社员代表会议,请社员代表听取合作社一季度发展状况,提议并监督;每个月理事会、监事会都会召开月工作总结会议,总结一月发展情况,做到有问题及时发现、及时调整。

合作社将土地进行因地制宜、合理规划,达到粮、果、油、菜、养殖、加工协调发展,实现规模化、标准化、专业化、集约化生产;加强资金互助部管理能力建设,不断发挥信用合作优势,带给社员更加便捷、高效的普惠金融服务,促进一方经济发展;为社员创造良好社区环境,使老、中、青、少享受适宜的活动方式、健康的文化生活。总之,合作社在政府和社会各界的关怀和帮助下,正一步一步向着规范化、健康化、正规化方向发展。

案例7:申兴农作物种植专业合作社的发展历程[①]

安徽省阜阳市申兴农作物种植专业合作社位于阜阳市颍州区程集镇,北靠泉河,西邻西湖,属于城乡接合部,地理位置优越,交通便利。申兴合作社属于程集镇张老庄村委会,大申庄自然村;张老庄村委区域内分布24个自然村,辖38个村民组,人口5153人,全村可耕地面积5324亩。

安徽省阜阳市申兴农作物种植专业合作社于2011年6月成立,在工商部门注册登记,注册时仅有五户入社社员。合作社成立后,北京梁漱溟乡村建设中心派来6位大学生来申兴合作社支教、支农,宣传合作社的一些国家政策与知识,2013年入社社员达到54户。

合作社分为种植部、农资销售部、农家书屋、资金互助部、传统手工艺五大部门。各部门由合作社社员自由组合,独立核算,自负盈亏。

2012年,得到施永青基金会提供的一万元小额项目资金支持,使得合作社拥有电脑、打印机、投影仪,有利于农闲时搞文艺活动及合作社的宣传,也使得合作社的社员信心更足。

(一)文艺文化建设

由于我们村的文艺活动搞得特别好,还得到镇文化站的鼓励与支持,他们为我们文艺队捐赠腰鼓10个,镇领导还亲临我们的农家小院,与文艺队的大娘们亲切交谈。我们的秧歌舞《俺是农民》,还被市文化局邀请到阜阳大剧院参加演出。

我们文艺队还获得市秧歌协会的支持,编排新舞蹈的时候,秧歌协会的

---

① 本案例由安徽省阜阳市申兴农作物种植专业合作社刘全影撰写。

老师义务为我们指导编排,还与我们合作参加一些婚礼有偿演出,使得我们文艺队员不仅精神富有了,而且还有一点额外的收入。

农家书屋是一项面向农村、面向社员的文化建设工程,推动社员读书、学习科学文化知识,活跃和丰富农村文化生活,改善农村文化环境,提高农民整体素质和农村文明程度,促进农村经济社会协调发展。

(二)玫瑰加工产业

种植部以实现规模种植为目标,逐步将社员土地通过租赁或合作的方式集中起来用于种植。目前,建立了120亩种植基地。2013年小麦种植了70亩,试验种植了食用玫瑰、菊花、葡萄、有机蔬菜等经济作物,待试验成功后逐步扩大种植面积。

合作社目前正在进行玫瑰花的种植试验。以前都是一年两茬:一季小麦,一季玉米。每当收割小麦与玉米时,许多的秸秆都在田间焚烧,给空气造成很大的污染,而且一亩地一年的收入也就是3000~4000元,除去肥料、农药及种子成本,所剩无几了。玫瑰花种上以后,生长周期是八年,花期从4月份开始一直延续到11月左右,鲜玫瑰花价格在5~7元,每亩地的产量预计达1000斤左右,每亩地玫瑰花的收入比种植小麦、玉米的收入至少提高1000元,不仅不会给环境造成任何污染,还会引来许多的蜜蜂来采花蜜,使自然环境更好!我们在2014年10亩地种植成功之后,2016年再带动10户社员,每个社员种植一亩,就能扩大到20亩玫瑰,合作社负责提供种苗与技术,由合作社统一收购。如果这10户的收入提高了,其他村民就会纷纷加入玫瑰花的种植中,这样我们村就会变成玫瑰花村了。我们计划在村里建一个小型的玫瑰加工厂,食用玫瑰可以做玫瑰酱,也可以加工成干花,用来泡茶。这样可以带动当地的妇女在家乡就业。

农资销售部以服务社员为宗旨。2012年销售化肥3吨。2013年销售化肥10吨。由于前期社员土地较少,销售业绩不太理想,扣除购买化肥占用社员资金产生的利息后总体没有盈利。

(三)资金互助

我们不仅有文艺活动,还大力发展经济。通过2012年底在山西永济学习,我们的自信心增强了,学习回来后,就立即召开合作社骨干会议,在2013年就成立了资金互助部。资金互助部的成立,让合作社有了经济实力,一些观望合作社发展的村民也纷纷加入了合作社,从2013年底到2014年5月,新入社员增加了34户,入股社员增加了7户。

2013年,资金互助的业务是39笔,贷出资金465350元。截至2014年5月,业务达到23笔,贷出资金335000元,使得不能够在银行贷款的农户,在资金互助部就能贷到款,让更多想在家乡创业的农民的梦想得以实现。但是这些资金远远满足不了社员的贷款需求,有时合作社不得不为了帮助社员创业而去外借资金。

目前,资金互助开展顺利,票据规章制度也越来越完善。有出纳,有会计。收入支出有票据,每笔账目都是凭票记录。

资金互助部以有效利用社员闲散资金,提高社员资本收入为目标,以真诚互信、合作共赢为理念。资金互助部成立于2013年年初,已经建立并逐步完善了监督和保密制度,理事长、会计、出纳、理事、监事等相互制约,确保社员资金安全。固定股(也称"发起股")每股股金为1000元,不能随意退出,要承担借款不能收回等风险,无固定收益,但参加分红。流动股(也就是"存款")不限,可以提前取款,有固定的收益,无风险,但是不参加分红。存款利息大约是同期银行存款利息的2倍;对于提前取款的采取分段计息(即达到一年、半年、三个月的按最有利于社员的利率结算)。

(四)外部合作

2013年,我们申兴合作社的环保文艺宣传及生态种植,还获得了福特汽车环保奖,我们的环保理念的传播,也得到4万元资金支持。

农家书屋的留守孩子活动的开展,目前一直靠阜阳师范大学的同起点连农社的协助,从2011年至今,他们一直坚持周末到我们村来陪伴这些留守孩子,和他们一起度过快乐的周末。合作社没有给他们提供任何交通费用以及餐费,他们用爱心与合作社共同渡过了艰苦岁月。北京农家女文化发展中心为我们活动的开展也提供了大力的支持。

传统手工艺是被现代人遗忘的宝贵财富,合作社为了保护这宝贵的财富,从2013年开始,让村民把以前做的传统的手工艺品再做出来,由合作社负责与其他组织对接,向外界宣传推销。传统手工艺品的销售,使得村里的老人体会到他们的人生价值,老有所为,不仅增加了他们的收入,还赢得他人的尊重与认可。

(五)合作社主要骨干简介

刘全影:申兴合作社的法人代表,是一位下岗女工,大专毕业。有公益心,能吃苦耐劳,做事有恒心,对建设美好和谐乡村充满自信。

蔡永侠:申兴合作社的监事长,当过老师,原来在上海打工,在2011年参加合作社后,一直为合作社的发展而努力着。热情善良,思想超前,有股闯劲,乐于助人,不仅能吃苦,而且行动力特别强。

尚连影:初中文化程度,是申兴合作社的会计,做事认真,爱学习,喜欢接受新鲜事物,有种不认输的精神。喜欢看书,性格直率,无私心,经常为合作社出谋划策。

申金春:初中文化程度,党员,在村里比较有威信,有公德心,做事考虑比较周全,是合作社成立时唯一加入的男性,做事大公无私,乐于奉献,主要负责合作社的农资保管。

韩兰英:主要负责手工艺的制作,默默无闻,乐于奉献。

郭玉侠:性格开朗,热心肠,主要负责生态种植上的管理。

胡玉环:小学文化程度,做事认真,踏实,主要负责合作社的一些工具管理及卫生。

案例8:崇州土地股份合作社的内部管理[①]

崇州市土地股份合作社,是农户在自愿互利的基础上以承包地使用权作为资产入股组建的合作经济组织,其基本架构为社员大会、理事会、监事会。

---

① 肖端:《土地股份合作社内部治理机制研究——以成都市土地股份合作社为例》,重庆大学出版社,2020,第55-56页。

理事会和监事会由社员大会选举产生。社员大会为权力机构,重大问题由其决策。理事会为执行机构,执行社员大会的决定。监事会为监督机构,监督和检查社员大会决定的执行。土地股份合作社实施民主管理,土地使用方向、经纪人(生产经营者)招聘、入股土地使用权分红等重大事项,由社员大会协商决定或进行投票决定。合作社土地委托给职业经纪人(生产经营者)经营,经纪人按合作社的规定使用土地,坚持农地农用、粮地粮用。经纪人通过社员大会招聘确定,除按要求搞好农业生产经营外,还要按协商确定的办法和标准为农户兑现入社土地分红。农户的入社土地分红办法和标准由社员大会决定(事先要与经纪人协商),生产经营收入首先保证农户土地分红,入社土地单位面积的基本分红标准一般参照农户自己经营的获利水平确定。如果生产经营收入增加,农户将有一定比例分成;如果因非人为因素导致生产经营收入减少,则可以降低分红标准。经纪人的收入则主要来自农业产出的提高,生产成本的降低,以及政府的农业生产补贴(粮食生产直补、良种补贴、生产资料补贴、农机补贴)和农产品质量提高带来的价格上升。

专栏:集体经济组织带动型农民专业合作社

集体经济组织带动型农民专业合作社是一种"集体经济+合作社+农民"的组织模式。它的优势如下:其一,集体经济组织的管理人员多是当地的农民,对当地生产力水平和农户个体情况有较多了解,有利于组织农户加入合作社。[1]其二,在我国,农村和城市郊区的土地,除由法律规定属于国家所有的以外,属于农民集体所有;宅基地和自留地、自留山,属于农民集体所有。农民集体所有的土地依法属于农民集体所有的,由村集体经济组织或者村民委员会经营、管理。那么,由集体经济组织带动成立农民专业合作社,有利于较顺利地实现土地规模化经营。其三,集体经济组织带动型农民专业合作社有利于由村干部担任合作社带头人,并获得政府支持。

---

[1] 李瑞芬主编《农民专业合作社你问我答》,中国科学技术出版社,2018,第10页。

事实上,农村集体经济组织是集体资产管理的主体,可以称为经济合作社,也可以称为股份经济合作社,属于特殊经济组织。而"集体经济组织+专业合作社"的模式虽然有利于健全集体经济法人资格,落实《中共中央 国务院关于稳步推进农村集体产权制度改革的意见》中提出的"支持农村集体经济组织为农户和各类农业经营主体提供产前产中产后农业生产性服务",但同时也面临着如何处理与党组织、村民委员会之间关系的问题。这里需要警惕的是,在目前集体土地所有权管理中存在的"异化"问题向"集体经济组织带动型农民合作社"模式延伸,即由集体之外的主体(如政府)来支配成员集体所有的资产,或集体成员代理人(村干部),"反仆为主"来支配成员集体拥有的土地及其他资源或资产,集体经济蜕变为"干部经济"①。那么,要切实体现社员的参与性和主体性,就需要完善治理机制,制定组织章程,涉及成员利益的重大事项实行民主决策,防止被少数人操控。

案例9:重庆城口县岚天乡的集体产权制度改革情况②

重庆市城口县岚天乡积极推动农村集体产权制度改革和"三变"改革,引导4个村分别全面开展农村集体资产清产核资,结合土地承包关系和人口户籍信息等确认集体成员身份,确定成员股份份额,成立股份经济合作社,选举理事会、理事长、监事会、监事长,制定章程和管理制度,确保村级集体经济组织规范搭建和规范运行。目前,全乡4个村已经全部建立股份经济合作社,共有945户3678人变股东,持股3282股,平均每股配比达694元。

岚天乡按照"基础设施建设跟着产业走"要求,4个村全部成立了股份经济合作社,引进市场主体9个,引回返乡能人40余人,整合财政投入村集体资金920万元,以"村集体+市场主体+农户"模式,合股联营水上乐园及钓鱼台、孙家坝露营基地、落红溪慢时光驿站、彭家酒庄、农村电商、记忆老家及夫妻

---

① 张晓山、苑鹏、崔红志、陆雷、刘长全:《农村集体产权制度改革论纲》,中国社会科学出版社,2019,第30页。

② 本案例由中国人民大学农业与农村发展学院博士罗世轩撰写。

树、草籽沟等项目,切实解决"空壳村"问题,彻底盘活了闲置资源,每年全乡集体经济组织的收入超过50万元,租金、股金、薪金等多种收益叠加,户均增收3000元。探索创新村集体经济组织运行机制,推行"七步流程"改造闲置民房变民宿,构建"经营主体+村集体经济组织+房东"的联营机制,现已营业100余间民宿客房。推行"八步程序"实施低技术小投入项目,2018年对7500亩板栗树、核桃树进行了低效林改造,实施了15千米的窄路面拓宽工程,村民获得了务工收入,村集体获得了利润收入。2018年,岚溪村被确定为全市农村"三变"改革试点村,红岸村被确定为县级"三变"改革试点村。

案例10:山东烟台格瑞特果品专业合作社[①]

烟台格瑞特果品专业合作社成立于2013年3月,位于山东省栖霞市蛇窝泊镇东院头村。合作社在村党支部指导下,组织群众抱团发展苹果产业,取得富民强村、产业兴旺、乡村振兴的良好效果。

东院头村共有319户852人,常住人口不到600人,其中有44名党员,土地面积近4000亩,村民历来靠种苹果为生。2011年以前,村里党员队伍"一盘散沙",村集体欠下60多万元的债务,仅有的几间办公室也被私人占用。村里没有一条水泥路,到处都是乱堆乱放的杂物,成了全市的垫底村,老百姓怨声载道,恨班子不争气,怨党员没骨气。2011年9月,村里组建了新的村党支部。面对村里"人老、树老"的现实,村"两委"决心改变本村落后面貌,重塑党支部形象,带领村民彻底摆脱贫穷。通过学习国家政策和外出调研,村"两委"认为成立合作社、流转土地、发展产业项目,是农村实现现代化发展的大趋势。

为打消村民对成立合作社的疑虑,村党支部1个月内组织召开12次村民大会,还专门邀请青岛农业大学经济管理学院(合作社学院)专家,为村民面

[①] 农业农村部:2019年全国农民合作社典型案例之二:山东烟台格瑞特果品专业合作社, 2019-08-27,http://www.hzjjs.moa.gov.cn/nchzjj/201908/t20190827_6323232.htm,访问日期:2022年3月5日。

对面讲解办合作社的好处、怎么建合作社、村党支部领办合作社的优势,并展示了全国成功案例。当天晚上,村党支部成员就走家串户动员,发放调查问卷。第二天上午一统计,村民入社同意率达到75%。村党支部引导老百姓算大账、算长远账。最终确定采用入股、置换、租赁相结合的方式实现村土地股份合作。入股,就是村民以承包土地经营权入股,每亩地折价8000元,1亩为1股,并以此标准接受现金入股。置换,就是村民之间进行土地互换,将规划区内的土地集中起来。租赁,就是结合当地每亩地纯收入在4000元/年左右的实际情况,按每亩地4000元/年的价格,以个人名义租赁村民的土地。

有了新思路、新方法,村委会趁热打铁,号召干部带头入、党员先入,党支部书记、村委会主任、其他"两委"成员、普通党员,除了土地入股,还分别率先现金入股20万元、10万元、5万元、3万元。在组织运行上,村"两委"与合作社实行"双向进入、交叉任职",村党支部书记兼任合作社党支部书记、理事长,村委会主任兼任监事长,其他村"两委"成员及党员任理事、监事,实现合作社发展与村级事务共同研究、一体推进。最终,共发动180户村民,筹集2200万股,成立了烟台市第一个党支部领办的合作社,迈出了抱团发展、富民强村的关键一步。

合作社把果业作为主攻方向,做大做强果品产业。一是实施集约栽培。2013年,合作社建设200多亩苹果示范园,采用国内最先进的矮化高纺锤形宽行密植种植模式,三年挂果,四年进入盛果期,盛果期亩产约4000千克,每亩收入约3万元,净利润达1万元。二是拉长产业链条。合作社抓住栖霞市推进果品产业更新换代机遇,2013年新建100亩苗木基地,成立生物菌肥厂、生物制剂厂、生物菌种厂。三是放大规模效应。2015年以来,针对本村成方连片果园供应不足问题,合作社采取"走出去"战略,通过租赁方式,先后在周边村新建4处苹果示范园,面积达到3000亩,吸引496户果农入社,年增加群众土地租赁收入500万元,实现合作社种植规模与成员规模"两连跳"。

第三章

流通领域合作

流通领域的合作包括合作社产品营销、市场空间的开拓与生产资料、生活资料的购买。本质上看,不论是通过合作社进行农产品的营销还是生产生活资料的联合购买,都是通过合作组织减少外界的不确定性,只有建立适当的农产品销售方式,在流通环节增加农产品附加值,社员收入增长才有保障;只有通过联合购买,尽可能降低生产生活资料的购入价格、提升产品质量,才可能降低农户生产生活成本。

第一节 合作社农产品的营销困境

农产品的营销是指将合作社生产出来的农产品投放到市场实现商品价值。农民合作组织开拓农产品营销渠道,是其在市场中求生存的必然要求,只有合作社产品在市场上获得立足之地,打出品牌,打出知名度,形成较为稳定的客户群体和客户黏度,合作社的持久生存才有保障,才能达到"小农户"与"大市场"对接的目的。

农民合作社在农产品市场营销方面,面临着以下三个方面的困境[①]。

---

① 张俊:《农民专业合作社营销渠道模式与选择研究》,经济科学出版社,2018,第56页。

第一,合作社品牌意识薄弱。品牌效应对于当代农产品销售至关重要,也是农产品实现价值增值的关键因素,是农产品走向市场并打开市场的重要保证。

第二,农民专业合作社的营销经验不足、营销人才匮乏。农民专业合作社往往是由农村能人大户或村干部牵头成立的,他们具有一定的农产品种植经验或养殖经验,但缺乏专业的营销知识。此外,由于农民专业合作社经营管理人员的工资和福利待遇不高,专业营销人员往往难寻、难求和难留;农民专业合作社会因为缺乏专业的营销人才而错失商机,在农产品销售过程中处于不利地位。

第三,农民专业合作社的农产品营销手段落后。多数农民专业合作社本身并未将农产品营销列入系统管理的范畴,也未能针对目标产品制订具体的市场策划、促销计划和广告宣传计划等。

一般来讲,合作社生产的产品,要想进入城市大众市场,面临着两重市场壁垒,可以分别称之为市场势力与市场意识形态[①]。

市场势力,是基于系统论的角度,将特定市场视为由若干端点控制的资源、信息与利益的流通体系,这些端点包括大型商贸集团、大型生产商、仓储单位和广告媒介集团。这些端点处于动态博弈过程,而其结果则为特定的利润分配结构。一般来讲,新进者要进入这样的市场结构,需要投入大量资源,在既有结构中确立自身的空间,并于既有结构端点建立交互网络。新进者还需要分得足够的利润,以保障生存空间和交互网络的运行。

市场意识形态,任何一个一般消费市场体系都需要有足够的消费者进入,并依附于这样的体系,这样市场体系才能够完成能量的闭环,也才有存在的可能。因此工贸集团要花费大量的资金来建构一种意识形态,这种意识形态的目的在于让消费者相信,使用这样的消费品是时尚的、高雅的、健康的。而这样一种市场意识形态的建立,需要动用大众传媒的力量和投入高额的广

---

① 吕程平、陈晶晶、刘相波:《社区综合性发展:构建"精准扶贫"长效机制》,《哈尔滨工业大学学报》(社会科学版)2018年第2期。

告费用。这同样是小型生产者难以涉足的。

从一些农民合作社早期发展来看,合作社大都有尝试进入城市市场折戟而归的经历。河南兰考胡寨合作社曾经尝试种植一种进口的胡萝卜,虽然营养价值很好,但由于缺乏大规模的广告宣传,当以高于普通胡萝卜市场价2~3倍的价格进入河南本地市场时,消费者难以接受;而又因为合作社的规模仍然有限,达不到出口的要求,最终导致产品滞销。之后,胡寨合作社尝试绕过一般性市场通过社会资源获得部分市民消费者的支持,消化了部分产品。但是这样的早期尝试相对粗糙,缺乏整体设计和后期维护,没法与特定消费群体建立持久的闭环。

第二节　农民合作社的现代经营素养

农民合作社的带头人要想在市场中占有一席之地,需要完成自身经营理念上的改变。他们不仅应当是群众动员工作的好手、技术能手,更应当具备现代农业经营理念,能够对农产品市场保持长时间的观察和分析,能够培养对农产品市场的洞察力和预测能力。一句话,合作社的带头人应当是现代农业的经营者。他们应当与各类农产品经营渠道建立广泛的联系,并尽力通过各种农产品展销会、接洽会、培训交流会等形式建立与渠道运营商、超市、城市消费者群体的联系。

同时,合作社的经营者要学会从多功能角度看待农业潜力,特别注意人们对食品结构的多样化需求,以及对农村休闲、康养的需求。合作社的经营者,要使自己成为具有现代农业经营素养的职业农民。

对于合作社经营者经营素养的要求,是当前城市化、工业化、农业农村发展进入新阶段后,农业生产适应社会结构性变革的要求。资源要素由以城市为中心趋向,向城市—新型城镇—乡村多元趋向转变,人才流动由农村—城市单向流动,向大城市—中小城市—乡村地区多层级、多流向转变。同时,城市中产阶级群体的兴起,也对食品的品质提出了更高的要求,他们也更愿意依山傍水而居,对乡村民宿和个性化旅游有更多的需求,这些都成为农民合作组织发展的市场机遇。当代合作社的经营者需要在如上变化中,在这样的资源、人员流动中寻求立业机会、满足相应需求,提升合作社的市场适应水平。①

适应外界市场结构性变化的合作社经营者应具备哪些素养呢?概括来讲,新一代的合作社经营者,应该在合作社产品开发、产品营销路径、农业生产业态创新、农业多功能性发挥等方面都具有更加敏锐的市场意识;应积极调整合作社经营策略,在夯实常规性市场的基础上,逐渐发展体现本地特色和具有较高附加值的种植业、养殖业、文旅行业等,并积极利用展销平台、互联网平台、精准市场定位等平台和手段开拓市场。

同时,合作社新型经营应该抓住我国农业供给侧改革、农产品价值提升、产业链条完善等政策导向上形成的市场机遇、政策机会,充分利用好金融、税收、科技、财政等对合作社的各种政策支持。

需要指出的是,在各地的具体实践中,为了获得更及时的政策信息,合作社的经营者往往会积极加入本地的"精英网络",这样的"精英网络"由具有一定产业基础的企业家、种植养殖大户、村干部和有广泛人脉的人士组成。由于基层农村越来越多地展现为一种"富人治村"②的趋向,加入上述"精英网络"意味着不仅可以获得一般市场资源和支持,也可能获得政策信息和上级支持。

---

① 吕程平、谢海龙:《职业农民的兴起:价值观与市场方式的更新》,《贵州社会科学》2019年第10期。引用时有部分改动。
② 陈文琼:《富人治村与不完整乡镇政权的自我削弱——项目进村背景下华北平原村级治理重构的经验启示》,《中国农村观察》2020年第1期。

案例1：庆元县天堂山锥栗专业合作社[①]

云南省丽水市庆元县天堂山锥栗专业合作社由庆元县供销社组建,成立于2003年,有团体社员15家、个体社员520多户,带动农户1500多户,基地面积12200多亩。合作社按照高于市场2%~5%订单价格收购社员种植的锥栗。当地供销社领导组建了全县农产品经纪人协会,为合作社销售业务提供有力支持。合作社不定期邀请专家对社员开展病虫害防治、采收、保鲜储存方面的培训,支持骨干示范户赴上海、南京、厦门、杭州等地进行试销,提升合作社品牌知名度。合作社内部有加工户,通过产品加工延伸产业链,提供产品附加值。供销社还为合作社提供商标服务,合作社可以通过供销社网络提供产品销售服务。

第三节 农业创业者的经营管理策略

强调农业创业者经营素养,是因为我国农业生产者普遍缺乏与现代农业生产、农业经营相适应的市场素养、技术素养和组织素养,这也成为小农经济与现代市场对接的无形屏障之一。因此,应当将农业市场运营能力、农民组织管理水平、农业技术研习精神作为培育新一代农民合作组织带头人的几个重要方向。

作为农民合作组织的带头人,应当以创新思维突破单个农户所面对的市场结构性壁垒。在这样的结构性壁垒中,小农户承担最主要的农业生产风险,却无缘农产品的大部分市场增值,这无疑加剧了整个小农户群体在收益分配中的不利地位。大部分农户对于这样的市场处境是不自知的,只能依赖非农收入来维持生计。以"竞劣"的方式进行的农业生产(如无序的农药、化

---

① 卫书杰、姬红萍、黄维勤:《农民专业合作社经营管理》,中国林业出版社,2016,第95页。

肥使用)或大面积的土地抛荒,可以视为此种市场结构下的必然现象。新型农民合作社的带头人应当对此种市场困境有所了解,并通过合作、联合以及争取外在支持等路径,在市场中获得生存和发展的机会。一定意义上,农民合作组织的创建与运营应被视作对这种市场壁垒的突破,或者说从底层重建新兴市场经营主体,以获得更加平等的市场地位。

农民合作组织市场策略的选择没有绝对的标准,那些看似时髦、新鲜的提法和风潮不一定适合于特定的合作社,而那些在一般人眼中难以发现的市场,也许是特定合作社的竞争优势所在。所以,应根据合作社自身规模、特质、产业配套程度、市场消费习惯与消费阶段等因素综合考虑。要在同行竞争中脱颖而出,需要在产品品质、设计风格、营销策略等多方面用力,需要把握消费者心理和使用习惯,需要对市场波动有足够敏感性,还需要保持足够的韧性抵御已进入该领域的同行发起的价格战。

新一代农民合作组织的经营者,应当对市场机遇保持良好的直觉,应具有不同的知识体系:一方面对产业运营、本地资源网络和家乡风物特产有深入了解。另一方面,应当重视城市消费的动态变化,重视在新型城乡关系重构浪潮中寻找市场机会;应培育多元化的市场分析和信息搜集能力,能够精确分析当地有较强市场潜质却尚未被认识和开发的产品。

市场细分是将整个大市场划分为若干个子市场的过程。具体而言,就是根据消费者对商品品种、质量、数量、价格、规格、购买时间、购买地点的差异性需求,辨识出不同的消费市场。对市场的细分,应有清晰的标准,对每个市场包括什么、不包括什么要有明确的认识。此外,还要对细分后的市场规模、市场容量进行测量。简言之,一个好的细分市场方向,如果没有一定市场容量或触达这类消费群体的成本过高,仍然难以成为合作社未来发展方向。

市场匹配则是指合作社自身定位与潜在细分市场的切合性。农民合作组织的经营者应对合作社产品的市场定位有明确的规划和分析,要根据合作社的优势资源(有形或无形的)、专业技能、所掌握的市场渠道进行梳理,找到自身优势与细分市场的结合点。这样的梳理应该是动态的,应该充分发挥开放性和内在激励性,以多样化的股权配置鼓励具有特定社会资源、技术或管理能力的人进入合作社,发挥其特长。

根据对市场细分及市场匹配情况,通常可以制订三种市场策略[①]。

(1)无差别市场策略。把整个市场看作一个目标市场,关注消费需求的共性,用单一产品和单一的营销手段满足消费需求。这种市场策略因不考虑市场内在差异性,而着眼于市场共性需求,可以运用规模化、标准化生产方式,降低产品边际成本。同时,无差异化的市场宣传也减少了营销成本。

此种营销策略的缺点也很明显,因为事实上用一种产品、一种营销策略去满足所有消费者几乎不可能实现,也难以获得持续的市场地位。采用这种营销策略还易受到竞争对手的冲击,当经营者采取无差别营销策略时,竞争对手可以从市场内部必然存在的细微差别入手,争夺市场份额。

(2)差异性市场策略。从市场内在一致性出发,在细分市场的基础上,选择若干细分子市场作为目标市场,针对目标市场的需求情况和消费人群特征制订差异化的营销策略。随着我国社会结构的日趋分化,消费群体需求多样化日益显著。经营者采取多品种、多规格、多价格和多种分销渠道策略,可以满足不同细分市场的需求。

采用差异性市场策略,是把"不同的鸡蛋放在不同的篮子里",有助于提升合作社抵御市场风险的能力。也就是说,当单一细分市场出现剧变,经营者还可以通过其他市场的收益来弥补损失,避免全盘性困境。而通过提供不同品质和样式的产品,满足不同品位和支付水平的消费群体,也是提升产品附加值的有效手段。从不同的消费渠道进入细分的消费领域,又可以扩大销售面。由于采用面向不同市场的多种营销策略,经营者可以将在某个细分市场培育的品牌优势向其他细分市场延伸。

差异性市场策略对经营者的实力和素质都有更高要求,由于目标细分市场多,产品种类多,相应的市场渠道开发、促销和产品开发成本也更高。

---

① 石晓华、贾刚民、职明星主编《农产品市场营销》,中国农业科学技术出版社,2014,第83页。

(3)密集性市场策略。经营者瞄准一个细分市场,集中资源生产一种或一类产品,并采用单一市场策略进行营销。可以将密集性市场策略作为差异性市场策略的一个特例,营销者并不寻求进入多类细分市场,而只是集中于特定细分市场。由于市场集中度高,营销者可以将一个细分市场做精做细,深入挖掘消费者需求,持续关注反馈意见并对产品质量加以改善,从而形成对特定市场的黏着效应,充分发挥经营者的优势。当然,过分集中于特定市场,可能让经营发展受到限制,当遇到强有力的竞争对手进入市场时,由于缺乏回旋余地,可能遭遇较大经营困境。

因此,不论选择何种市场策略,合作社的经营者都要对自身有清晰的认识,并需要运用各种信息搜集渠道了解各类消费者的需求及其满足程度,同时能够发现有哪些潜在的需求可被激发。

(一)各地合作社的运营实践

从各地农民合作组织带头人、农业创业者的实践案例看,可以从提高农产品品质,提升农业附加值入手,一批农民合作社已经开始在农产品有机种植方法上做文章,满足城市消费者对健康食材的需求,并以"订单式产品"、自建直销渠道、选择代理机构等形式改善农产品市场渠道。

在拓展本地农产品市场渠道和打入城市消费者市场方面,一些已有相当经验的合作社带头人,通过参与全国或地方性农产品展销会,或通过注册优质特色农产品商标等方式,提升农产品产地形象和品牌效益。在把握消费者需求信息基础上,一些依赖于周边城市消费者市场的合作社通过乡村旅游、参观访问等各种城乡互动方式,增进生产者与消费者相互了解,增强相互信任,搭建直接与消费者对接的销售渠道。

此外,新一代的农民合作社带头人应当提高区域农业特色产业对农户生产的带动水平,打造品牌经济,延伸农产品产业链,注重区域间的差异性和地区优势品种的开发。相关农业服务部门要努力将合作社纳入现代农业多功能生产链条中,并提升合作社农业科学化水平。农民合作社带头人要善于利用农业信息服务体系,充分掌握市场信息和技术信息,评估种植、养殖方案的合理性,避免盲目种养、跟风种养对组织的不利影响。

　　政府相关部门、高校和民间组织往往会组织各种类型的培训活动,合作社带头人应当积极利用这样的学习机会,学习合作社经营管理和市场营销知识。同时,通过这样的培训活动,还可以结识各地农业企业家和合作社带头人,寻找合作的机会。在具有一定规模和经营实绩后,合作社可以邀请高校、市级对口部门"参观指导",寻求市场和技术难题的解决方案,并在这一过程中拓展人脉网络。

　　相比于上一代农人,在农业技术不断创新的时代,新一代农民合作社带头人应当更加重视技术创新对于经济效益的显著影响,更加相信知识的力量,应当具备更强的学习能力。

　　新型农民合作社带头人,在与各种市场主体、科研院所接触过程中,可以更新知识水平和改变农业发展既定思维,可以借助聘请专家、技术能人、运营经理以及自我"充电"等方式,不断提升自己,从而预测、把握、利用市场趋势,继而成为市场的"弄潮儿"。

　　农民合作社发展的各个阶段,都应积极寻求各种类型的合作伙伴,形成资金、技术、社会资源上的优势互补。而本地有着丰富基层实操和企业运营经验的产业精英网络提供了产品销售渠道,新生的合作社创业者可以成为这些渠道的供货商,从而能够较方便地进入成熟市场。特别是在合作社经营的困境期,来自合作伙伴的支持尤为珍贵。同时,地区性的精英网络,还能够成为市场行情信息的重要来源。地域范围的生产者,并不完全是一种竞争关系,而更多地类似于一种合作网络。这个网络为其中的创业者持续地提供信息,从而有助于其调整合作社的市场策略。

　　同时,从一些取得了一定成绩的农民合作社发展历程可以看出,合作社带头人一般保持着高度的政策敏感性,并熟谙于利用政府各种扶持举措和政策倾斜,如在一些合作社经营案例中,在脱贫攻坚阶段创业者会主动迎合政策导向,吸纳一部分当地贫困农户进入合作社,增加其收入。这样有利于与政府保持良好关系,从而增加获得相关政策支持的机会。

(二)合作社市场营销的STP策略

STP策略是市场细分(Segmenting)、目标市场(Targeting)和市场定位(Positioning)的英文单词缩写。本质而言,为合作社提供的产品和服务寻找适切的、能够实现持续收益的细分市场过程,是利用差异化最优的原则[1],或者说是为市场势力相对弱小的合作组织寻求市场空间,从而逐渐发展壮大的过程。市场的区分,从根本上来讲,是具体的消费人群的区分,是对不同人群消费偏好、消费兴趣和支付能力的区分。市场细分的前提是对合作社自身的产品优势、特色(也就是"卖点")做到心中有数。

要把握消费者的消费倾向、习性,就不能闭门造车,合作社的经营者应当利用交易会、见面会、品尝会等广泛接近、接触不同消费群体,了解其消费需求和对产品的建议。同时,利用当今发达的媒体途径,通过互联网、社交媒体等观察新兴消费形态和消费动向。我国地域辽阔,社会结构复杂,城市有特大型城市群、大都市,也有中小城市、小城镇,而东部沿海城市与内陆、西北城市的发展水平也有显著区别;从人群上讲,年龄、收入水平、受教育情况、职业、居住地域都可能对消费倾向有不同程度影响。

需要注意的是,并不是所有时兴的消费需求和动向都适合每一家合作社。有些合作社的产品更适合传统市场,有些则更适合"后浪"们的喜好;有些适合打入一线城市,有些则最好是深掘县域范围。所以,细分市场、找到目标市场的前提,是对自身产品的特质和潜力开拓的方向有清晰的认识,而不是随波逐流,被热点带偏了方向,最后落得"邯郸学步"的境地。

在一些合作社人才培训教材中,将市场细分应遵循的基本原则总结为可衡量性原则、可进入性原则、有效性原则、差异性原则、相对稳定性原则[2]。本书认为,要形成有效的细分市场,需要在以下三个层面进行衡量。

(1)市场的可行性。这里的可行性,具体而言是成本的可行性。不论网

---

[1] 吕程平:《生态文明的社会发展理论:广义信息、高质能量与人的发展》,东方出版社,2021,第118页。

[2] 朱京燕、曹军主编《农民合作社建设与管理》,中国农业大学出版社,2016,第159页。

店还是实体店,进入任何市场都需要付出相应的成本,除了比较容易想到的实体店的租赁、装修成本,还包括聘请专职的销售人员产生的费用,当意图进入所谓高端市场时,还需要传播策划、媒体推广方面的费用。这就需要合作社的运营者在尝试开拓新市场时慎重考虑。此外,还要考虑收益。具体而言,其中颇为重要的是对细分市场消费者容量和消费频率的衡量。显然,对于那些消费者容量小、消费频率低的市场,合作社运营者应考虑该市场在成本、收益上的合理性。

(2)市场的可及性。这里的"可及性",不仅是指在距离上可以到达,更重要的是合作社的产品能否进入特定的消费"圈层"。有些"蛋糕",看起来很诱人,但如果没有相应的渠道,只能是可望而不可即。特别是对于资本较薄弱、社会关系有较大局限的中小型合作社,市场可及性的困境就更为现实。在这种情况下,合作社往往需要借力,政府往往会举办各种当地产品的推介会,还会组织销售渠道与新型农业经营主体的对接活动,合作社应积极利用这样的机会。

(3)市场的黏着性。在本书中,黏着性是指合作社商品或服务能否具有足够的吸引力,是否能够留住消费者。黏着性是消费者与合作社产品之间形成了一种密切的联系。这里说的合作社产品,也不是单单的一件"农产品"那么简单,而是包括购物体验、品尝体验、消费体验、售后服务等整体性的体验。从常识来讲,再好的东西,如果买的时候遭遇冷言冷语,恐怕下次也不会再买。现在很多合作社在郊区开展主题亲子活动,让城市的孩子们来合作社果园基地过夏令营或开展农艺科普活动,孩子玩了、乐了,家长也跟着放松身心了,顺便把树上的果子摘了带回家,回去之后孩子很有可能还念叨着要来。这就形成了一种黏着性。

第四节　合作社的主要市场模式

(一)农民合作社+龙头企业

这是一种在我国广泛采用的市场模式,属于"订单农业"的一种类型。所谓龙头企业一般为拥有农产品加工能力和销售渠道的农业企业,合作社根据与企业达成的生产协议,按照一定规格和技术路线生产农产品,龙头企业按照协议价格收购。合作社凭借自身在地优势,可以低成本地进行技术监督,降低龙头企业管理成本。

"农民合作社+龙头企业"模式,是一种被广泛采用的利益联结模式。在现实情境中,村级合作社与外来企业形成什么样的交易关系,以及剩余控制权的水平,在很大程度上取决于合作社所拥有资源的不可替代性水平。在由企业领办合作社的情况下,企业可以通过入股合作社,保持高持股比例[1],实现对合作社经营管理的控制权。由此,合作社事实上成为上游企业的初级产品提供商。而当合作组织在资金、技术(通过社员技术入股)、生产过程方面拥有相对不可替代性时,则合作社与企业之间可以形成更加平等的交易局面。但即使在后一种情况下,合作社内部的"精英俘获"仍是普遍现象,合作社的"益贫属性"往往仅是在有限程度上存在。[2]

应当注意的是,订单农业有较高比例的违约金,这在市场供求关系变化时就更加容易发生违约的情况。这里既有生产过程的不确定性、农产品质量受天气和作物生物特性影响的不确定性等因素,也有农户与企业逐利性违约等原因。在分散农户与企业签订的订单农业合同中,双方处于不平等地位,合同条款的设计、解释都掌握在企业一方,对于农产品质量的判断标准也由企业设定,一些合同中对产品交货期限、地点、方式等表述不清,这都成为发

---

[1] 蔡美辰:《企业领办合作社扶贫主体耦合模式探讨》,《合作经济与科技》2020年第21期。
[2] 吕程平、游睿山等:《社会力量参与乡村振兴:框架、路径与案例》,社会科学文献出版社,2021,第18页。

生争议的隐患,为企业转移风险留下了口子[1]。合作社本来被寄希望于通过整合农户力量,来提高与企业的谈判地位,但现实中由于一些合作社本身就是龙头企业发起成立,或企业负责人在合作社中任职等原因,使得合作社的作用很难得以有效发挥。

(二)合作社专营店直销模式

合作社设立专营店,是在营销环节的联合[2],将销售渠道拓展到城市社区。合作社专营店虽然有利于节省中间环节和销售渠道的交易成本,但同时也让合作社直接面向市场,要承担更多风险,因此不建议规模尚小、成立初期的合作社采取这种模式。此外,我国农产品专营店一直存在着品类单一、特色不明显以及专业营销人员缺乏等方面的问题[3],这是需要相当大的投入才能解决的。

北京密云县(2015年改为密云区)农民专业合作社服务中心于2008年成立,成立初期进行"双十"对接,也就是十家合作社与十家农副产品销售网点进行对接,使农产品的销售有了基本畅通的销售渠道。2010年成立了北京密农农产品产销合作社,也就是县级联社,依托这个平台,进行了农超、农企、农校、农餐的对接,在县域内设立了20家农产品直销店。县级合作社联社能整合密云所有合作社生产的农副产品,在这里形成一个集收购、包装、储存、保鲜、运输、监管、服务等多位一体的现代农产品流通体系和市场购销网络。[4]

(三)合作社与批发商/批发市场对接

"合作社与批发商/批发市场对接"的模式是目前合作社进入市场的最常见模式。相比于单个农户,合作社以组织力量对接批发商,降低了交易成本,提高了交易的可信水平。合作社在对农户产品进行分类、加工、包装后销售

---

[1] 张广花编著《合作社经营之道》,浙江工商大学出版社,2012,第35页。
[2] 缪建平:《合作社营销新趋势及发展对策——以北京市为例》,《中国农民合作社》2012年第11期。
[3] 谷婧:《我国农产品专营店的发展优势、问题与建议》,《陕西农业科学》2014年第6期。
[4] 《密云县谈"密云县农民专业合作社发展情况"》,北京市人民政府网站,http://www.beijing.gov.cn/shipin/fangtan/15254.html,访问日期2022年11月5日。

给批发商。农、批对接属于一种较为初级的农产品销售模式,交易关系不确定、协议形式不确定①,双方都存在一定的违约风险。但由于其操作简单,也与目前我国合作社发展现状相契合,特别对于规模不大,难以与龙头企业和超市形成产销体系,更难以撼动批发商渠道垄断地位的合作社来讲,仍是其主要销售模式②。

需要指出的是,自主发展起来的合作社,对于外来企业的投资,应保持清醒的认识。一些企业在与合作社谈判时提出将社员所有的土地都流转出去,合作社按照企业要求生产,并由企业负责销售。这实际上是让合作社成为企业的一个附属基地,合作社在这一过程中难以获得自身的发展,形成了一种依赖关系,事实上是将合作社的部分控制权交给企业。

案例2:北京奥金达蜂产品专业合作社③

北京奥金达蜂产品专业合作社成立于2004年,最初由37户蜂农组成,2019年发展到成员920户,涉及北京市三个区,并辐射带动河北承德市的丰宁、滦平和承德等县。合作社拥有标准化养殖基地140余个、生态原产地保护示范蜂场83个、绿色蜂产品基地16个、授粉蜂繁育示范蜂场2个,年产蜂蜜2000余吨,产值近5000万元。

在初始阶段,该合作社重视明确管理制度,社员以资金入股,每股100元,最高入股2万元,年终根据与合作社交易量和股金返还,交易量占60%,股金占40%,每年分红150万元。合作社以高于非成员15%的价格收购成员的蜂蜜。合作社实施"七统一",即统一蜂种、统一生产资料配送、统一技术培训、统一质量标准、统一产品收购、统一检测指标、统一品牌销售。合作社从意大

---

① 赵晓飞:《我国农产品营销渠道联盟问题研究》,华中农业大学博士学位论文,2011,第17页。
② 张俊:《农民专业合作社营销渠道模式与选择研究》,经济科学出版社,2018,第88页。
③ 根据以下资料整理,有部分调整:《2019年全国农民合作社典型案例之八:北京奥金达蜂产品专业合作社》,http://www.hzjjs.moa.gov.cn/nchzjj/201908/t20190827_6323241.htm,访问日期2023年10月10日。

利引进新蜂种,并与研究机构合作,由研究机构在繁育、饲养方面加以指导。在蜂种、蜂药、蜂箱、蜂蜜桶等方面都实施统一规范,并在用药、授粉、运输等方面都提供服务。对于蜂农交来的蜂蜜,合作社都要对农残、氯霉素、还原糖、蔗糖等成分进行检测。2007年合作社拥有了自主品牌,引进了全自动蜂蜜生产线,并逐渐从初级原料供应商向深加工、多元化、精品化发展,在各大电商平台开设旗舰店,并进入京城各大超市,线上线下并进,挺进全国市场。2014年起,合作社走向三产融合,在京郊创建授粉观光旅游基地,力争将养蜂产业、休闲旅游、文化创意融合发展。

案例3:黄河边古村落的合作社产业

山东省东营市利津县北宋镇佟家村人均耕地1.35亩,耕地主要集中在村南和村北。该村结合利津县全域旅游大背景和建设美丽宜居新乡村的工作要求,确立了"南田北园"计划。村南人均8分田,实行联播联种,主要种植小麦、玉米等粮食作物,保证有充足的粮食资源。在村北建设"黄河畔·佟家园",人均半亩地,作为佟家村经济产业园区来打造。村集体统一流转土地总面积约315亩,种植经济作物,村"两委"成员和村民多次外出考察调研,实施金银花种植项目,率先成立了由村党支部领办的"河畔双花中草药种植专业合作社"。同时聘请有多年种植经验的中草药种植大户合作运营,合作社整合了村集体与种植大户的优势资源,实现人力、土地优势与资本、技术优势的联合,由合作社对金银花园区进行统一种植、统一管理、统一加工、统一回收,实现了金银花生产与大市场、现代农业的有机对接。

案例4:山海关区忠伟蔬菜专业合作社[①]

河北省秦皇岛市山海关区忠伟蔬菜专业合作社成立于2010年,主要从

---

① 于广宁:《市场带动生产 产品销售全国——山海关区忠伟蔬菜专业合作社产销双促带发展》,《河北农业》2021年第4期。

事蔬菜产品的种植、储藏、加工、销售。该合作社拥有500亩自有基地、集约化育苗中心、精加工配送区、农资超市、蔬菜保鲜库、蔬菜检测室等,2021年已吸纳社员350人,员工87名,基地农民技术骨干20多名,销售人员15名。忠伟蔬菜专业合作社以东北三省市场为基本盘,合作社以蔬菜销售起家,为长春、哈尔滨、牡丹江、绥芬河等农批市场客商代收蔬菜,克服交通、天气困难保障蔬菜供应品质和稳定,树立市场声誉。同时,持续拓展新的市场渠道,开发了北京新发地蔬菜批发市场线路、新疆和甘肃西部线路、俄罗斯边贸线路、高端会员绿色有机定制线路等。专业的销售团队及时掌握各地市场信息,提前预判未来几个月的产品需求和价格走势,并以此制订相应的种植计划,以销定产,有效防止滞销,避免盲目种植,让社员蔬菜不仅能卖得出去,而且能卖上价钱。合作社还通过各种方式,掌握市场信息,参加农业农村部举办的各类名优农产品展销会、农产品(蔬菜)产销对接会,广泛对接各地农贸市场和客商,在多地市场享有销售优先权。

案例5:美国的销售合作社

美国农产品销售合作社是19世纪60年代开始发展起来的。农场主为了摆脱中间商的盘剥,从而创办了销售合作社。销售合作社拥有自己的加工设备、储藏设施、运输工具、装卸倒仓设备,甚至还有自己的港口。销售合作社的经营宗旨是为农场主服务,而不是为了赚取利润,它一般不按股金多少分配投票权,而是实行一人一票的原则,民主色彩较浓。销售合作社提供农产品的收购、运输、储藏、检验、分级、加工、销售等全流程服务。美国销售合作社的加工业发达,分工细致,单杏仁农产品甚至可以生产出2000多个品类、5000多种包装。目前,美国农产品销售合作社超过1200个,占美国农业合作社总数的一半左右。

在美国,销售合作社还利用期货、期权等金融工具避险、增收。其中,10%左右规模较大的农场主直接参与期货交易,其余中小农场主则通过销售合作社等中介机构间接参与期货交易套期保值,并利用相关期货价格指导生产以规避生产失误带来的风险与损失。[①]

专栏:互联网时代的产品销售

互联网的网状特征在一定程度上可以消除市场流通的中间环节,以及由于多重交易加剧的产销双方间的信息不对称,并借助评价机制,使得"回归产品"成为可能。突破地理、区域、物理空间界限的多媒介展销,在增加信息透明度的同时,不仅为消费者提供了更多选择机会,也让个性化、非标化、小量化的产销模式成为可能。当这样的互联网特点与地域农业特点耦合程度较高时,则会产生叠加效应。如山西省"乡村e站"等"互联网+农村"的新型扶贫模式,正是基于黄土高原地区小杂粮、干鲜果品等产品"产量小、特点突出、品质优"的特点与互联网"点对点"销售的相互契合而产生的[②]。

在本质上,工业化时代对于规模化、批量化的追求,是在特定技术和消费水平制约下,面对高昂的中间环节成本的理性选择。对于生产者而言,供销匹配成本、物流成本,成为横亘在满足多样化需求上的鸿沟;对于消费者而言,信息搜寻成本、信任成本的存在,使其只能接受"千品一面"的现实。然而,数字化时代信息收集、处理、共享、分析平台的确立,以及分布式"数字化信任"使得上述"成本天堑"可以在云端"变通途"。以拼多多"农地云拼"来看,它是通过"拼购"模式,把原来在时间和空间上极度分散的需求,汇聚成一个个相对集中的订单。小众化的农产品,受限于种植规模及边际成本,无法进入传统运输物流体系,更不可能出现在超市等销售终端。而通过数字化平台匹配供给与需求,高昂的消费者搜寻成本演变为瞬时进行的供需匹配和随

---

① 吕东辉、李涛、吕新业:《对我国农民销售合作组织的实验检验:以吉林省梨树县为例》,《农业经济问题》2010年第12期。
② 贾秀锦、王笑、牛晓菲、陈虹:《山西省农村电商扶贫问题研究》,《中国农业文摘》2020年第6期。

时随地可以进行的产品信息浏览,原本不可能实现的交易得以发生。①

山西省临猗县万保果品种植专业合作社联合社注重品牌效应,建立联合社自己的网站,为成员单位建立了网页,及时更新发布联合社的活动动态和产销信息,成为面向商户的重要展示窗口,与"今日头条""一亩田""天猫网"等各大网络平台及电视台互通交流,及时发布联合社的新闻和产品信息,提升了联合社品牌的知名度。北京新发地、深圳农产品直销中心、武汉中百、重庆中百等大型超市都在联合社网站订购果品。②

第五节 合作社的联合购销

合作社的根本职能之一是为社员生产提供服务,与一般市场交易寻求利润最大化不同,合作社对内(社员)是以服务社员为宗旨,通过各种手段满足社员生产生活需求或者为社员提供便利。通过对各地乡村建设实验区的长达十余年的观察,在农民合作组织创立的初期,面对高度分散化、兼业化,且缺乏合作训练的小农户经济状况,加之缺乏经营人才和劳动力成本不断攀升等因素,如果贸然投入大量资金搞规模化生产性项目,如合伙建立养鸡场、养猪场,或开办农场,往往会面临创业失败的窘境。从惨痛的教训里总结出的经验是:生产在家,服务在社。合作社在初始阶段应该做的工作是"服务,服务,再服务",即为社员提供在生产过程中需要的技术、资金、农资、销售等配套服务,通过生产性、社会性服务凝聚人心、积累经验、锻炼人才。通过组织社员联合购买农资、强化生产标准、联合销售,既能有效适应市场需求,也能将运营项目的风险降低到最小。

---

① 吕程平、游睿山等:《社会力量参与乡村振兴:框架、路径与案例》,社会科学文献出版社,2021,第28页。
② 《"互联网+市场"为万保果业插上了金翅膀——山西省临猗县万保果品种植销售合作社联合社》,《农业工程技术》2016年第21期。

在生产需求之外,社员在日常生活方面也可以通过消费服务节约相当规模的现金支出,比如某合作社有社员3000户,合作社为农户平均一年节约200块钱,一年即可节约60万元,事实上是提高了社员的整体福利水平。

统购统销由于其操作比较简单,一般是合作组织在经济活动方面最初的试水。这个词的名称其实是来源于曾在农村地区活跃了20余年的人民公社。这是一种力求以团体实力提高交易地位的方式,改善个体农户面对庞大农资市场的弱势处境和信息不对称位置,扩大合作社盈利空间,防止假冒农资坑农害农的事件。20世纪70年代末期,作为现代工业生产技术代表的农药、化肥越来越多地被引入农业生产,农村社区集中生产组织几乎同时宣告解散。这也就意味着,农户要以个体为单位应对以大规模工业化组织形态出现的市场结构。极度分散化的农业体系与化肥、农药所依托的高昂的、集中控制的工业化农业技术之间,存在天然的异质性。

由于是与农业生产中最广泛的需求对接,所以合作组织对统购统销的尝试,很容易得到农户的响应,有利于扩大组织在农户中的影响力。合作组织在也成为农户的一个保护层。这样的保护层,不同于行政力量和商业性力量提供的服务。其本质在于通过联合改变相对弱势地位。虽然合作社成员在加入组织时,只是看重其承诺提供的更廉价也更高质量的农资服务,而并没有意识到他们的每一次加入,都增强了合作组织提供这项服务的能力。

(一)农户在生产生活领域购销面临的困境

当前农民不但面临农业生产增收难的困扰,生产、生活开支大也成为影响增收的间接原因。除了自己种植的农作物能在一定程度上满足粮食需求外,几乎所有的生活、生产日用品都要通过外界市场获得。分散的农民向地区经销商购买生产物资时,由于不具备对等谈判地位,只能成为任由宰割的对象。以农资市场为例,由于进入门槛低、监管不到位,假劣农资坑农害农事件仍时有发生。近年来,各种制售假劣农资的高科技手段、经销商和厂商的现代化营销手段,把农资市场弄得眼花缭乱,普通农户缺乏相应知识和鉴别手段,真假难辨。

比如针对水稻这一农作物,上架的农药近20种,老百姓刚了解了一种农药,下次就变名字了,包装和价格也跟着改变。经销商通过各种花样翻新促销手段,如买药送电饭煲、送毛巾、送灭蚊药、送菜种子等,其实只是通过不断变换产品名称和价格来赚钱,羊毛出在羊身上,最终吃亏的还是老百姓。面对复杂的市场环境和较高的维权成本,单个农户只能被动接受。虽然政府监管部门也推出了诸如二维码查询、安全追溯平台等投诉维权途径,但由于缺乏持久的基层制度设计,小农户的市场不利处境难以根本改变。

此外,生活资料和用品也存在不少假货与冒牌产品,低劣"三无"产品充斥乡村市场。今日之农村生活早已不是自给自足的情景,粮油蔬果类必需品,农民不再主要依赖自家储存和自留地生产供应,而是当季卖给收购商,家用时再通过当地集市或者超市、商铺购买。相较于大城市,在广大中西部地区农村商铺销售的食品、日用品不仅监管不足,受到的关注也很有限,且普通农户对于食品安全、日用品质量隐患的认识比较欠缺,日用品的质量问题和安全方面的隐患仍较为突出。伴随着城镇化进程中的现代生活方式的影响,以及商业资本占领农村市场的驱动,一些家用电器如洗衣机、电冰箱、电饭煲等快速进入乡镇市场,但这些产品不像城市电器商城中销售的产品来自知名企业,大多来自一些小企业生产,产品性能和质量缺乏保证,有的洗衣机使用3~5年后就会出现问题。同时,农户日常使用的各种来自小作坊的化学制品逐渐增多,很多是"三无"产品、山寨产品。

因此,合作社可以进行以节约社员开支为目的的联合购销活动,这对初创的合作社来讲,不需要巨额融资,还能形成规模需求来和大厂家或者销售渠道商进行谈判,进而得到质优价低的生产资料、生活用品。

(二)农产品联合销售

合作社农产品销售模式包括直销、农批对接、农企对接、农超对接、农餐对接、农外对接、农物对接、电子商务等形式。其中,自建直销机构优点是中间环节最少,可以自主控制产品销量、价格等因素。但建设成本最高,且需要丰富的营销经验,而且合作社要自己承担销售风险,且受制于地域范围。农民合作社与一般批发商或批发市场对接,是日常最常见的销售模式,交易较为随意,机动性强,但缺乏契约约定。

农企对接一般以订单农业形式进行,在年初确定生产计划之前与龙头企业、连锁超市等签订订单合同,按照他们的需求生产,产品由订单单位采购。这种方式对合作社生产规模和品质都有一定要求,企业与合作社签订合同,对农业生产过程进行规划和指导,并对农产品加工后品牌化打入市场。这种模式供销关系稳定,流通成本由企业承担,但企业控制大部分农产品的附加值,合作社对企业形成依附关系。农超对接,则对合作社的规模和资质有较高要求,需要合作社在供货能力、标准化能力上有较强实力,合作社在前期需要进行大量设施、生产过程管理和人员管理投入。

合作社推进联合销售,一方面需要代表社员和厂商谈判,争取合作社权益,另一方面则成为产品质量的管控者,必须加强产前、产中、产后生产流程管理。以分散农户进行农业生产为例,要明确品种、规格、质量、安全和卫生要求等方面管理标准;更为重要的是,要通过合作社内部制度和文化建设,培养合作社社员的责任意识,让他们认识到合作社是一个利益共同体;要建立对于产品质量的抽样、检查、监测和奖惩机制,建立产品质量与收益分配的利益联结,建立产品的可追溯机制;要让社员明白,如果自己生产的产品出问题,不仅会让自己利益受损,更会连累到其他成员。可以利用村社里的耕作或居住就近原则,动员几个社员之间相互监督。

(三)乡建经验之"联合购销,风险最小"

从乡村建设二十多年的经验看,"联合购销"是成立之初的合作社可开展的风险最小的一项业务。刚成立的合作社信任基础薄弱,大家因为互相不够信任,让社员拿出很多钱投资大的生产性的项目难度很大。而且生产性的项目因为涉及集资、硬件设施的建设、雇佣劳动力等一系列问题,贸然搞集中种植、养殖、加工等中小型经济项目,对刚成立的合作社来讲,会面临融资、管理、成本上升、销售等多方面的困难。联合购销的经验是开展乡村建设以来诸多合作社根据合作社的发展规律总结出来的经验,往往不需要大额融资,只是在农户现有的生产生活的链条上进行整合需求,形成规模。联合购买可降低价格、保证品质,联合销售可提高价格,走出"产销脱节"困境。

合作社可以统一购买社员所需要的各种生活用品,比如米、面、油、肉、蛋、肥皂、洗衣粉、家电等。在一般市场中,这些日用品已经过四级到五级的中间商层层加价,如果合作社统一购买,不仅会为社员节约成本,还能从中提取部分利润作为合作社的积累,以用作二次返还、公益金、公积金,发展合作社各种服务事业。

通过联合购买可以寻求质量保证,以社区自发力量来防止假冒伪劣产品进入农村市场。合作社根据社员需求,在组织采购各种农用生产资料时,通常采取以下措施,例如:提前与供货公司达成协议,本社社员以较低的价格采购生产资料;可以事先印制优惠券发给社员,社员凭借优惠券以优惠价格购买生产资料;政府通过干预市场带来农业生产资料的优惠价格。这也是世界上许多国家合作社支持成员的一项重要措施。这些措施对于防止农业成本上升,稳定农民收入,促进农业生产发展,协调合作社与农民的利益关系起到了积极作用。[①]

像食用品,如油、调料等,由于市场上假冒伪劣产品、卫生不达标的产品不少,如果由合作社统一购买,则可以直接和厂商取得联系。如果产品有问题,也可以直接找到厂家提供售后服务。同时,应当将联合购买生活物资与引导社员的消费观念、对社员进行健康教育等合作社服务相结合,改变社员盲目攀比等不健康消费习惯。

像米、面、油、肉、蛋等,合作社不一定非要从远距离市场上购买,如果当地有这样的生产者,通过统计社员的需求可以统一购买。本地市场进行联合购销,可以保证信息较为对称,大家容易了解产品生产商的情况,更知根知底,也就能保证食品的安全。学界一般将农村称之为"生产、生活、生态、生命"共同体,简单地说,合作社的经济服务应当与生活服务、精神服务发生内在联系,合作社通过提供联合购买日用品服务,还可以引导社员健康消费理

---

① 张广花编著《合作社实务》,浙江工商大学出版社,2017,第95页。

念,如少用鸡精、味精等添加剂。有些东西可能是社员不需要的,一些消费行为可能完全是受媒体广告和厂家推销的影响,或单纯是跟风购买,比如现在有的农户家里有好几台电视机,邻里间攀比,还认为越大尺寸的电视越好。合作社统一购买,可以引导社员适度消费,让社员关注产品质量和对于生活品质的实际提升效果。

联合购买农资往往可获得更低的售价。安徽阜阳市南塘兴农合社早在2004年就开始组织社员统一采购农资,比如化肥、农药、种子等。每逢春节,合作社也统一采购社员的年货等消费品。2005年,化肥购买价格比市场每袋便宜10元左右。通过农药、化肥、种子等的联合购买,每年可为每户节省数百元开销。

同时,联合购买还产生了一定的外溢效应,在一些地方,合作社联合购买降低了当地农资市场价格,让虚高价格回归正常,也方便了非合作社社员。因为合作社联合购买农资给当地经销商带来了压力,使得经销商不得不降价促销,也为没有加入合作社的村民带来了好处。

联合购买保证了农资的品牌和质量,因为合作社可以直接和乡级、县级代理商,甚至厂家联系购买农资,保证了农资的质量。在采取预先订购时,合作社社员将各自购买农资的需求汇总到合作社,合作社在统计汇总基础上,联系厂家统一购买,并获得优惠价格。由于厂商直接与合作社对接,也提高了买方的信誉,一般厂商也会更重视这个大客户,给出相对优惠的价格,一定程度上缓解了农户资金压力。

专栏:关于合作社运营与管理的讨论[①]

杨云标:有一些村民会觉得他与合作社是没关系的,但是当我们有了收电费的服务后,他每个月都要交电费,就等于说每个月都要来我们合作社一趟,那一年他要来12趟。原来可能他一点都不关心合作社,但他一年来12趟

[①] 内容选自北京梁漱溟乡村建设中心"合作社头雁计划"培训期间的现场实录。

合作社之后，很可能对合作社有了新的认识。一年来了12趟，他就觉得合作社在很多方面其实跟他是相关的。再比如说合作社推出关爱留守儿童的夏令营活动，社员发现原来他的孩子可以参加，而且是免费的，于是带孩子来参加这一活动，这样人气就越来越旺，自然就会带动合作社农资的经营额，带动资金入股的数额。有人气就有财气，这就是我们的经营理念。

王继伟：合作社开始主要是经营蔬菜（温室大棚），刚开始我们发展蔬菜的时候，兰考还没有温室大棚，所以我们占了这个先机。2009年以后很多有钱的公司都进来了，当然80%的都不挣钱。我们合作社跟公司经营思路不一样，咱们是农户，一家一户是不计算劳动力成本的，而且管理也精细，而公司的运营管理成本高，所以很多进入农业的公司不盈利。

产品的质量和诚信度也是一个重要因素。我们的蔬菜到了市场，一说胡寨合作社的产品来了，你不用担心，一个小时之内一车就全部搬完了，就销售完了，就是你不用吆喝着卖，因为他们都知道我们的产品质量是非常好的。我们在这方面一直严格要求，从来不夹杂次品，所以说在市场里面他们的黄瓜卖两块钱，我们就卖两块五，即使价格高一点，也很受欢迎，到一个地方很快就全部卖完。

在资本下乡的情况下，我们怎么去弄呢？我们想从降低市场风险、提高单位面积的经济效益这两个方面出发。我们一个观点是，合作社的产品不能太超前，我们农民搞农产品不是像专家教授搞科研，他们可以走在市场的最前面，因为有人为他的成本买单。农民如果走得过于超前的话，谁给你买单？赔钱是必然的。我们不能走在市场的前面，也不能走在市场的后面，我们要保持跟市场同步，或者说比市场同步要稍微超前一点，我想这是最好的一个度。

现在大家知道资本下乡，很多公司、老板都在做农业，前几天有个大公司想把我们所有的地承包下来，他让你种什么，你就种什么，生产的产品他全部拿下，你不用管，然后他要从这里面分成，现在我们还没有谈妥。因为我考虑这样基本上就把我们整个合作社控制了，他要什么我就生产什么，没有一点自主权。

因此，我们只能自下而上从基层逐渐扩大我们的影响（通过直接与城市消费者联系的办法），直接建立从生产者到消费者的通道。这样，不仅可以杜绝中间环节的问题，把中间环节产生的利润直接留给了我们合作社，而且帮助我们降低了市场风险。不管是一个公司还是其他什么机构，现在他们跟我们签合同我们都不轻易相信了，我们只相信市场，消费者需要的东西你签不签合同我们都可以生产，我们生产出来可以卖得掉。即使签了合同，生产了，他也可能毁约，他不毁约也可以提高门槛，这我们都经历过。他不想收你的产品，他就提高门槛弄得你没办法卖。

问题：合作社经营如同长跑，在奔跑的过程中，有的跑到1000米，有的跑到2000米可能就遇到困难了，就有坚持不下去的感觉，当时你们是怎么克服的？

王继伟：这还真的出现过，甚至出现过很多次，因为人为的原因，或因为一些其他环境的原因都出现过。我讲一个故事，2006年我们种胡萝卜还是挣钱的，然后合作社有提留，剩下的钱，我们当时的想法就是想办法增加劳动密集型产业，在我们这里也就是手工业，然后让大部分社员进入手工业，把现有的土地集中在20%的人手里。我想这是非常好的事情，发展手工业，推出手工艺品。最后我们成立一个研讨小组，由22个人组成，设有理事会、监事会等，22个人讨论了一个星期，最后想要搞原木画手工业。

搞原木画，2006年就陷进去了，2006年和2007年两年我们赔了6万元钱。那时候赔6万元跟现在不一样，现在赔6万元我感觉问题不大，那时赔6万元就不得了了，合作社就是赔垮了。当时大家的士气非常低落，有半年的时间我们都没有开过会，理事会一直在总结为什么出现这些问题。要知道，我们原来开会频率是很高的，一个月要开两次会，每月1日和15日定期开全体大会，很热闹。2007年年终大会上，我们就向社员公布：根据我们讨论的结果，合作社跨行业经营风险很大，我们要转变发展方向，原来我们种蔬菜为什么能够盈利，为什么我们做这个手工艺品走向市场很吃力，还需要很多人帮忙？一个新的产品想推向市场，不是我们一个初级发展的合作社，或者一个农民能够做到的,投入成本是很大的。我们总结之后重新回到农业发展上,所以随后从手工艺品转型到搞设施农业。

我们总结有两条:一是"不怕多,不怕少,就怕不多不少"。这个一定要上,就上到量,要上就上到精、巧,不能上到不多不少这个样子。二是"不怕早,不怕晚,就怕不早不晚"。人家的农产品没有上市的时候你的农产品上市了,你能卖一个好价钱;别人的都卖完了,你的还有,你也能卖一个好价钱;但是别人的产品都上市的时候,你跟着上市你肯定是挣不到钱的,所以我们准备种植反季节蔬菜。这个反季节蔬菜一做还真的成功了,当然这里面很多酸甜苦辣。首先是没有钱,当时说实在的我都没有想过让社员来投资一起弄。那个时候我不说让大家投资,为什么?那个时候士气正是低落的时候,让大家投钱,我感觉说了也是白说,干脆就不说,是以我个人的名义,费了九牛二虎之力,找了领导,受了很多的委屈才搞定了贷款。那时,我跟李师傅动不动就喝点酒抱头痛哭。最后找到一个领导,把我们县一个负责农业的副县长给感动了,他给我们争取到16万元的贷款。我们这4个实验大棚建起来之后,一年下来,社员的积极性就起来了。

我们总结一点,就是说合作社遇到挫折的时候,有一帮人愿意跟你同甘共苦去干,这是成功的关键。那时候有些社员建造大棚都是义务工,很难想象,建造大棚一建一个多月,他们不要一分钱来做这个事情,很难做到,我们做到了。当时我们就一个口号叫"大干50天,节约50万元",我们不但节约了很多资金,大棚建成后效果也非常好。

后来,2010年也出现过一次快坚持不下去的情况。2010年因为连续4天4夜下雨,这个大棚夜里塌掉了6座,我坐在那里哭:投资了好几万元啊,怎么办?后来合作社出面,又贷了2万元钱,大家又出义务工把这些垮掉了的大棚全部重新建造好了。我想在遇到这些问题的时候,带头人要保持一种好的心态,你不要哭丧着脸,你一旦哭丧着脸社员就不知道怎么弄了,你蛮有信心地弄起来,这个时候大家的劲儿就来了,就跟着做起来了。

问题:如果我们现在才起步,村民不信任怎么办?

杨云标：这个是关于合作社动员的问题，我相信如果你村里没有合作社，你在这个讨论结束后回到自己村子去办合作社，肯定不会你振臂一呼很多人都跟着你干，肯定没有那么容易。但是我们有一句话就是"臭皮匠还有3个相好"，你肯定能动员几个跟你关系特别好的，那你这3个相好再各自动员3个相好就有10多个人了。我觉得至少可以先有几个人，一定不能是你一个人搞，一个人搞，那就和大家没有什么关系了。如果说能有五六个或者七八个先做，做出来有一些变化，或者有一些成绩——坦率地说，乡亲们都在看着你呢，你干好了都跟着来了。

（合作社每个阶段需要的人才也不同）在合作社的开始阶段主要是考验组织的能力、动员的能力，当大家积极性发挥出来的时候，进入生产环节，就开始要求另外一种能力——经营的能力。一个组织在发展的不同阶段需要的人才是不一样的，刚开始需要组织性的人才、动员性的人才、交际性的人才，但是一旦进入生产环节，就需要懂经营的市场性人才。一个组织如果不断地向前发展，就能够汇聚不同的人才进来，组织具有很强的包容性。比如说我们合作社开始可能是会寻找这种打腰鼓积极的，喜欢文艺的妇女。当我们开始种金银花时，我们就开始寻找本地能经营金银花的，有销售经验的人进来，就像继伟身边有很多的职业经纪人一样的，他们很懂得市场，所以我觉得在这个阶段，带头人应该去寻找或者培训，让这样的人进入团队。

案例6：内蒙古赤峰市经棚镇"三位一体"综合合作模式[①]

内蒙古赤峰市克什克腾旗经棚镇基层供销合作社，联合13个农牧民专业合作社、7个市级以上龙头企业，领办成立了经棚镇农业发展合作联合会（以下简称"联合会"），通过生产、供销、信用"三位一体"综合合作，2019年实现为5600户农户代耕代收土地10.4万亩，全镇机械化率提高到75%，发放内

[①] 内蒙古自治区供销合作社：内蒙古赤峰市经棚镇基层社积极探索"三位一体"综合合作新途径，中国供销合作网，http://www.chinacoop.gov.cn/news.html？aid=1128435。引用时有改动。

部社员互助金170万元,为722户农牧民售出农副产品2200余吨。赤峰市以党建事业融合发展为契机,市供销社、农牧局、扶贫办、林草局等4个市直单位党组织和旗委组织部、供销社、农牧局等20多个旗直机关单位党组织,村、社区、合作社、龙头企业等21个基层党支部,成立了经棚镇农牧业发展区域联合党委,成为政府资源和生产要素整合的平台,以往分而治之的部门职能得以统合。市级职能部门统筹政策、项目和资金,旗级职能部门推进服务和指导,镇村和合作社出人力、出资源。

生产合作方面,联合会依托农牧局、农机局等职能部门,为农牧民提供技术指导和培训,并以机械代收代耕、植保统防、土地托管、发布政策信息等形式,提升生产社会化服务水平,形成了高质量的生产托管方式。

联合购销方面,联合会实行"六统一"生产合作模式,即"统一种苗提供、统一农资购买、统一技术指导、统一收播服务、统一病虫害防治和统一产品销售",推动联建村耕、播、收全程机械化作业。依托基层社构建农村现代化流通服务新体系,解决农畜产品难买难卖问题。按照"旗有中心、乡有站、村有点"的思路,建成了以旗级配送中心为龙头、镇级服务站为骨干、13个村级经营服务网点为终端的三级网络配送运营体系,商品配送范围实现全覆盖。围绕农畜产品价格上行,开展统采统销、物流仓储、分级包装加工等服务;围绕农资、日用品价格下行,农超对接部开展农资供销、农畜产品出售、日用消费品流通服务,将农牧民需要的生活用品、生产资料等送上家门;围绕农牧业信息化发展需要,推进线上线下融合发展,构建"农超+电商"平台,做到服务延伸到村,信息精准到户。

为了破解农牧民生产生活难题,联合会组建资金互助部,财政局、农商银行及其他金融机构为农牧户提供项目资金、惠农贷款和生产互助资金,按照"对内不对外、吸股不吸储、分红不分息"的原则引导农牧户入社参股,吸纳会员闲置资金。同时,健全包括互助资金财务管理、风险控制、外部监督等制度以及以党员为主体的信用监督员构成的监督体系,定期向入社会员公布资金管理与使用情况。为了防范资金互助社的风险,联合会发挥"三位一体"综合合作优势,建立了环环配合的资金担保制度:首先,通过"农牧户联保"保证会员内部的相互监督;其次,借助专业合作组织签约担保,在生产和销售环节,让农牧民有技术支持,有销售保证,化解市场风险;最后,依托销售平台,将农畜产品作为"抵押物",让实体生产与金融链条衔接,从根源上保证资金"闭环运行"。

第四章

新型农村合作金融组织

本章介绍了各种类型的新型农村合作金融的实践。从发达国家农村合作金融组织发展情况看,自上而下的体系设计、区域协同机制、行业服务监督机制以及保险机制是普遍性设置,由此才能保证其安全性、合作性、互惠性和政策性的实现。从这个意义上讲,国内的农村合作金融发展仍然任重道远。

第一节 正规金融"离农"倾向

21世纪以来,各涉农金融机构加速商业化改制,缩减基层营业网点。正规金融机构商业化改革,体现了加速"离农"倾向,这是其在利益导向下的必然选择,并势必加速资金要素流出农村。随着一系列商业化改革,正规金融机构将其业务重点放在了大城市、大企业、大项目上,而很少考虑农村农业经济发展对金融的需求。农村信用社于2003年开始放弃合作制金融向商业性金融转制。

农民的消费性需求及农业生产贷款需求,由于难以满足金融机构的程序性和抵押物等贷款要求,无法得到满足;扎根社区、具有互助性质的社区合作金融机构缺失,使得农户的消费性和生产性需求,只能转向民间借贷。

正是在这样的背景下，农民合作社信用合作业务在各地发展起来。而政策空间也逐渐打开，2008年党的十七届三中全会决定提出"允许有条件的农民专业合作社开展信用合作"，这是我国首次以中央文件形式允许合作社开展信用合作业务。2007年，银监会在全国开展农村资金互助社试点，截至2011年年底全国共审批了49家农村资金互助社。2009年中央一号文件指出，"抓紧出台……农民专业合作社开展信用合作试点的具体办法"。

2010年中央一号文件将目光聚焦农村资金互助社，提出"加快培育村镇银行、贷款公司、农村资金互助社"，并提出"支持有条件的合作社兴办农村资金互助社"。2012年中央一号文件再次提出"有序发展农村资金互助组织，引导农民专业合作社规范开展信用合作"。针对各地合作社违规操作的情况，2013年中央一号文件提出"规范合作社开展信用合作"。2013年11月党的十八届三中全会决定再次提出"允许合作社开展信用合作"。2014年中央一号文件则不再局限于农民合作社信用合作，而是扩展到农村合作金融，强调"在管理民主、运行规范、带动力强的农民合作社和供销合作社基础上，培育发展农村合作金融"。2015年中央一号文件在继续提出"积极探索新型农村合作金融发展的有效途径"的同时，强调"稳妥开展农民合作社内部资金互助试点"，并明确提出"落实地方政府监管责任"。2015年11月发布的《深化农村改革综合性实施方案》提出，"稳妥开展农民合作社内部资金互助试点，引导其向'生产经营合作+信用合作'延伸"。2016年中央一号文件进一步提出，"扩大在农民合作社内部开展信用合作试点的范围，健全风险防范化解机制，落实地方政府监管责任"。2016年3月17日发布的《国民经济和社会发展第十三个五年规划纲要》提出"稳妥开展农民合作社内部资金互助试点"。2017年，中央一号文件明确提出"加强农民合作社规范建设，积极发展生产、供销、信用'三位一体'综合合作"。

第二节　改革开放以来农村合作金融的发展历程

农村金融的诸多特质导致了小农户与正规金融机构之间产生较高的交易成本,使得正规金融机构难以进入农村,产生包括信息不对称、抵押物缺乏、特质性成本与风险、非生产性借贷为主这四个农村金融市场的基本问题。也就是说,正规金融机构面临着获取农户信用信息及贷款用途信息的高昂成本,农户也有可能机会主义地对待贷款协议,如其可以轻易转换贷款用途,而不被正规金融机构发现。此外,由于法定抵押物的缺乏和难以实际执行惩罚措施,使得正规金融机构对于进入乡村信贷市场相当谨慎。同时,农业生产具有周期长、易受自然条件和市场条件影响、回报率低等特点,商业银行权衡之下更愿意将贷款投向回报率更好的领域。但应当认识到,农村实际运行的社会规则与城市大为不同,农民资金互助社的存在根基之一就是能够低成本地利用这些社区内部的规则和资源,这也正是合作社内部信用合作的优势所在。

改革开放初期,农村合作金融的发展是以农村信用社为主体,作为农业银行的基层营业机构,信用社在各村发展代办员,为农户提供较为便利的存贷业务。在20世纪80年代中期,为了适应农业领域改革,满足农业生产资金需求,农村信用社启动了"组织上的群众性、管理上的民主性、经营上的灵活性"所谓"三性"改革[①],在原来农村信用社架构内吸收农户入股,鼓励农户参与农村信用社经营管理,其实质可以认为是试图回归"合作性"。然而随着农村信用社改革的深入,其实际运行逐渐偏离了合作金融的基本属性规定,价值股本金设置结构性因素,加剧了其商业化倾向。

2006年12月,中国银行业监督管理委员会发布《关于调整放宽农村地区银行业务金融机构准入政策更好支持社会主义新农村建设的若干意见》。2007年,中国银行业监督管理委员会又出台了《农村资金互助社管理暂行规

---

① 孟令明主编《农村金融业务》,河南人民出版社,1988,第47页。

定》《农村资金互助社组建审批工作指引》《农村资金互助社示范章程》。2008年,中国人民银行和中国银行业监督管理委员会联合发布了《关于村镇银行、贷款公司、农村资金互助社和小额贷款公司有关政策的通知》,这一系列文件拉开了新一轮农村金融改革实践的序幕。

2007年3月,经银监会核准,全国首家农村资金互助合作社——梨树县闫家村百信农村资金互助社正式挂牌。梨树县闫家村百信农村资金互助社的前身是闫家村百信农民资金互助合作社,创办于2003年,是8户农民在生产互助合作中探索出的资金互助模式。百信资金互助合作社起源于社员生产资金需求,在后期发展中不断总结实践经验,形成了较完备的运营机制。随着2014年中央一号文件提出"在管理民主、运行规范、带动力强的农民合作社和供销合作社基础上,培育发展农村合作金融……推动社区性农民资金互助组织发展",全国各地资金互助社进入快速发展阶段,但也出现了浑水摸鱼、良莠不齐的现象,严重扰乱了合作金融发展进程,对依据政策开展资金互助业务的合作社带来较大的影响。2012年银监会暂缓审批农村资金互助社牌照,最终只有49家农村资金互助社拿到金融许可证。在之后各项政策引导下,各地合作社内部信用合作仍以多种路径继续探索。

根据张照新等人的研究[1],目前农民合作社内部信用合作的典型模式,可以包括赊购赊销型信用合作、资金互助型信用合作、依托供销社的农村资金互助等模式。赊购赊销型信用合作,主要是将信用合作与农户农资购买、生产设施建设等相联系,减轻农户大额生产性开支压力,并降低贷款风险。资金互助型信用合作,其资金池可以来自社员入股或合作社自有资金,也可以合作社作为贷款担保,向正规金融机构获得授信额度。在前一种情况下,设立资格股、流通股、投资股等股权类型和分红方式;在后一种情况下,合作社或协会以农户入股、财政补贴设立融资担保基金,存入正规金融机构。

---

[1] 张照新、高强、谭智心、吴比:《农民合作社内部信用合作实践探索与发展思路——基于试点地区的实地考察》,中国发展出版社,2018。

第三节 农民资金互助合作社的运行机制

农民资金互助社股金一般包括资格股(基础股)、投资股、流动股和国家社会公共股。农民资金互助社只在本镇范围内融资,不接受外来人员的资金。社员参加互助社需要缴纳一定数量资金以取得资格股,入社之后社员可以继续入股,超过资格股的股金算作投资股,一般投资的期限为一年以上,单个社员的投资比例不可以超过整个互助社内部股份的一定比例,从而形成社员之间相互制衡格局,防止股权过分集中。流动股是暂时闲置按约期支付的不满一年的可用资金,流动股需按期支付,同时也承担经营风险。对于社员存满一年的股金给予固定分红,流动股不计利息,只参与年终分红。年底,互助社根据一年的利润,提取公积金和风险基金后,按利润的一定比例对社员进行二次分红。对于期满一年的互助资金,互助社支付利息和红利。互助金利息可参考当地银行存款利息[①]。濮阳市农村贷款互助合作社的借款流程如图4-1所示。

[①] 高雷:《农民资金互助合作社发育与风险防控管理研究》,中国农业科学技术出版社,2017,第23页。

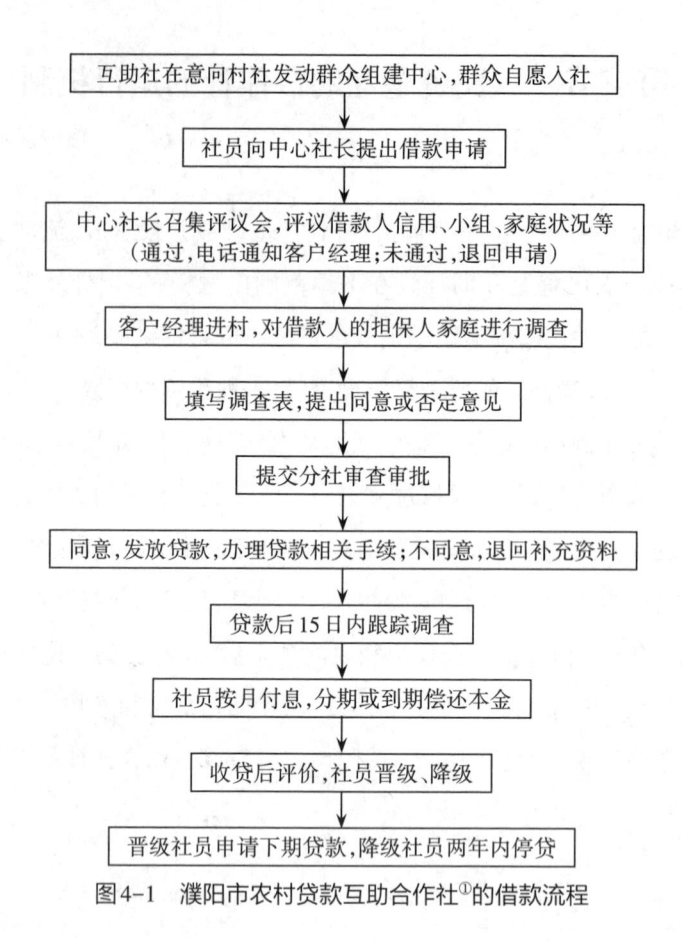

```
┌─────────────────────────────────────────┐
│ 互助社在意向村社发动群众组建中心,群众自愿入社 │
└─────────────────────────────────────────┘
                    ↓
          ┌──────────────────────┐
          │ 社员向中心社长提出借款申请 │
          └──────────────────────┘
                    ↓
┌──────────────────────────────────────────┐
│ 中心社长召集评议会,评议借款人信用、小组、家庭状况等 │
│ (通过,电话通知客户经理;未通过,退回申请)        │
└──────────────────────────────────────────┘
                    ↓
      ┌────────────────────────────────┐
      │ 客户经理进村,对借款人的担保人家庭进行调查 │
      └────────────────────────────────┘
                    ↓
        ┌────────────────────────┐
        │ 填写调查表,提出同意或否定意见 │
        └────────────────────────┘
                    ↓
              ┌──────────────┐
              │ 提交分社审查审批 │
              └──────────────┘
                    ↓
  ┌──────────────────────────────────────┐
  │ 同意,发放贷款,办理贷款相关手续;不同意,退回补充资料 │
  └──────────────────────────────────────┘
                    ↓
            ┌──────────────────┐
            │ 贷款后15日内跟踪调查 │
            └──────────────────┘
                    ↓
        ┌──────────────────────────┐
        │ 社员按月付息,分期或到期偿还本金 │
        └──────────────────────────┘
                    ↓
          ┌────────────────────┐
          │ 收贷后评价,社员晋级、降级 │
          └────────────────────┘
                    ↓
      ┌──────────────────────────────┐
      │ 晋级社员申请下期贷款,降级社员两年内停贷 │
      └──────────────────────────────┘
```

图4-1 濮阳市农村贷款互助合作社[①]的借款流程

[①] 濮阳市农村贷款互助合作社(简称"贷款互助社")是中国社科院七个小额信贷扶贫科研试验基地之一,于2006年7月在市民政局注册成立为社团法人。其宗旨是,小额信贷孵化社区互助中心,让农民也能方便获得贷款,探索农村综合建设的新途径。2013—2016年,经过中国人民银行、银监会、国务院扶贫办、中国社科院四部门(机构)联合实地调研,报请国务院领导批示,中国人民银行办公厅以《关于社科院小额信贷科研扶贫试验基地有关事项的函》(银办函〔2015〕371号文件要求,河南省政府、濮阳市政府作出安排,贷款互助社"结束社科院试验,移交地方政府监管,改企业注册,继续开展小贷扶贫业务,参照中和农信项目管理"。2016年,濮阳市政府监督管理意见为:"总社不办理贷款业务,各有限合伙企业按照社员制、封闭性原则,在不对外吸储放贷、不支付固定回报、不跨区域开展业务的前提下,坚持按照'农村、农民、扶贫、小额'的标准,对其辖区内社员开展信贷业务,单个农户贷款额度不得超过10万元,单个企业贷款额度不得超过50万元。"

第四节 合作社开展信用合作的基础

规范的制度建设是合作社发展和开展信用合作的根本,在合作社内部要建立财务管理制度、信息披露制度和内部监督制度,要采取透明化的管理,防止暗箱操作。农民合作组织一定要坚持为农民服务的根本宗旨,要依靠严格的制度建设来制约可能出现的机会主义行为和违规行为。农村金融不应偏离社区合作的属性,不能脱离为农民、农业服务的属性,不能一味追求高风险投资。

对社员的教育培训工作也很重要。一是要让社员认识到,资金互助社的钱是大家的钱,让社员参与监督机制的运行,增强相互监督与制约意识。二是加大对从业人员的专业技能的培养,可以请村社内人品好、有威望、有群众基础的人成为发起人,请有较丰富基层金融业务经验的退休信用社人员成为信贷员。通过充分的培训,强化社员对资金互助各项规章的认同。要在日常文化建设中,让"合作社为大家服务"的理念深入人心,让合作社信用合作业务和其他农民服务工作相结合。综合性的各项合作社服务为资金互助建立群众基础,资金互助为其他业务提供经济支持。

可以成立合作社联社,调控资金盈缺,监督下级合作社运营;可以由专门机构负责合作社资金互助业务监管,确保地方金融市场的健康稳定发展;可以借助联网监控系统,获取相关信息,提升预警能力。

合作社发展信用合作,可以通过多种方式进行,既可以直接在社员范围内开展资金互助,也可以为社区金融服务提供相关服务,如利用社区内部的信息优势,向正规金融机构提供对农户的信用评价,便于银行等金融机构甄别贷款需求;也可以成为银行"批发"贷款的"零售"机构,直接为农户提供资金借贷。

在贷款用途上应以满足社员小额生产性和生活性资金需求为主,特别要对借款人的人品进行细致考察,要考察其是否有赌博、酗酒、不孝敬父母等行为。

第五节　农民合作社内部信用合作的规范

　　由于资金互助社设立门槛低、行业监管和部门监管机制不健全,近年来相继爆出一些地方的农民合作社随意吸收社员,盲目扩大规模、高息揽储、非法吸储,偏离了资金互助社为农民服务的定位[①],出现了资金链断裂,扰乱了一地的金融秩序。

　　2014年中央一号文件提出,坚持社员制、封闭性原则,在不对外吸储放贷、不支付固定回报的前提下,推动社区性农村资金互助组织发展。农业部、国家发展和改革委员会、财政部、水利部、国家税务总局、国家工商行政管理总局、国家林业局、中国银行监督管理委员会、中华全国供销合作总社《关于引导和促进农民合作社规范发展的意见》明确规定:农民合作社开展信用合作,必须经有关部门批准,坚持社员制封闭性、促进产业发展、对内不对外、吸股不吸储、分红不分息的原则,严禁对外吸储放贷,严禁高息揽储。

　　应该看到,中国农村合作金融"一放就乱、一抓就死"的现状,在很大程度上恰恰是因为我国农村合作组织缺乏整体制度设计和顶层规划。一般而言,缺乏系统性支撑的单个合作社,在面对系统性风险时,难以获得外界支持。

　　日本农业金融组织体系以合作金融为主体。日本的农村合作金融不是一个独立的系统,而是依附于农业协同组合(农协)的,但同时又是一个具有独立融资功能的部门。它主要由三级构成,最基层是农业协同组合(JA Group),中间层是信用农业协同组合联合会(简称"信农联"),最高层是农林中央金库。农民入股基层农协,基层农协又入股信农联,而农林中央金库是由信农联入股成立的。三级机构不存在行政隶属关系,自主经营、自负盈亏,但又相互补充、相互配合。[②]2010—2012财政年度日本农林中央金库对日本农业发展的中期支持计划如图4-2所示。

---

① 高雷:《农民资金互助合作社发育与风险防控管理研究》,中国农业科学技术出版社,2017,第29页。

② 温信祥:《日本农村金融及其启示》,经济科学出版社,2014,第43页。

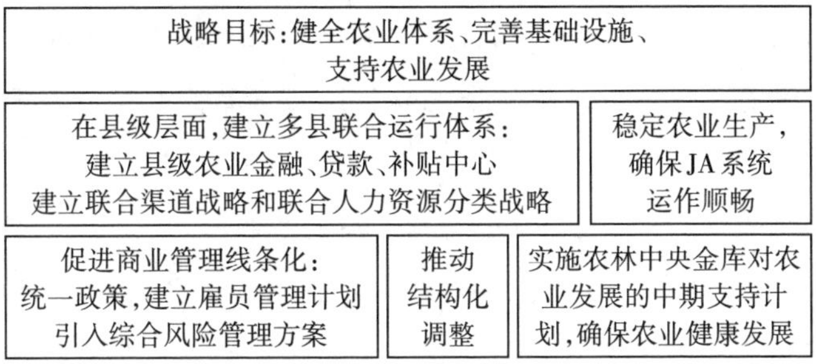

```
┌─────────────────────────────────────────────┐
│   战略目标:健全农业体系、完善基础设施、        │
│           支持农业发展                        │
├──────────────────────────────────┬──────────┤
│ 在县级层面,建立多县联合运行体系:  │稳定农业生产,│
│ 建立县级农业金融、贷款、补贴中心  │确保JA系统  │
│ 建立联合渠道战略和联合人力资源分类战略│运作顺畅  │
├──────────────────┬────────┬──────┴──────────┤
│ 促进商业管理线条化:│推动   │实施农林中央金库对农│
│ 统一政策,建立雇员管理计划│结构化│业发展的中期支持计│
│ 引入综合风险管理方案│调整   │划,确保农业健康发展│
└──────────────────┴────────┴─────────────────┘
```

图4-2　2010—2012财政年度日本农林中央金库对日本农业发展的中期支持计划

案例1:内蒙古布敦花扶贫互助社的模式优化[①]

布敦花扶贫互助社为内蒙古扶贫办最早进行的贫困村互助资金试点之一。互助社所在的布敦花嘎查(村)位于内蒙古农牧交错地区,交通便利,生产、生活方式具有农牧混合特征,社会关系为典型的熟人与半熟人形态。2012年,在政府带动下,布敦花扶贫互助社成立,在当地民政部门注册登记,主要为社员提供贷款服务。互助社的入社社员105户,贫困户占比达84%。互助资金来源主要分为四个部分:一是财政扶贫资金20万元,用于支持试点村设立互助资金;二是政府奖励资金20万元,用于扩大互助资金的规模;三是社员缴纳的互助金,布敦花扶贫互助社规定,入社社员每户须缴纳300元入社费,社员入社费共计3.15万元;四是社会捐赠资金2万元。

(一)布敦花扶贫互助社的模式优化

2015年8月,亚洲开发银行批准了由内蒙古扶贫开发领导小组办公室申请实施的"建立可持续贫困村互助资金支持框架"的技术援助项目(TA8932 PRC)。作为中国最大的不以营利为目的的小额信贷机构的Z公司通过投标,成为该项目的技术服务方。该项目自2015年11月正式启动,Z公司凭借其

[①] 本案例由易贤涛撰写,其中案例与数据来自2015年8月亚洲开发银行批准的由内蒙古扶贫开发领导小组办公室申请实施的"建立可持续贫困村互助资金支持框架"的技术援助项目(TA8932 PRC),作者易贤涛是该项目专家组成员。在编入本书前,作者对部分数据进行了更新。

在农村小额信贷领域的丰富经验,经过前期的多次调研和深入访谈,进行了试点选择,并基于互助社的现实情况和村民的实际需求制定了项目方案,在项目具体实施过程中不断进行修正和调整。

1. 身份转变:贫困村互助资金持续发展的基础

经过前期的动员与准备,依据《农民专业合作社法》和相关政策,由布敦花嘎查(村)的151名村民共同发起设立了西拉沐沦农牧业专业合作社,并于2016年4月1日召开设立大会。此后,布敦花扶贫互助社改为在工商局注册的西拉沐沦农牧业专业合作社,从而解决了困扰资金互助组织的注册、年检等问题。

为了保障资金互助业务的开展,西拉沐沦农牧业专业合作社内部设立信用互助部,组成独立的业务管理团队,负责经营管理布敦化嘎查的扶贫互助资金,并在合作社内部开展信用合作业务;在合作社章程的基础上制定了《信用互助部管理办法》,作为合作社开展信用互助业务操作的规范性文件。单独设立的信用互助部工作团队,包括经理、财务人员、柜员、中心主任。理事长兼任信用互助部经理,负责部门的管理工作;理事兼任中心主任,负责信用合作业务;财务人员和柜员可面向社会招聘。信用互助部实行独立核算,承担部门工作团队的人员工资。西拉沐沦农牧业专业合作社管理架构如图4-3所示。

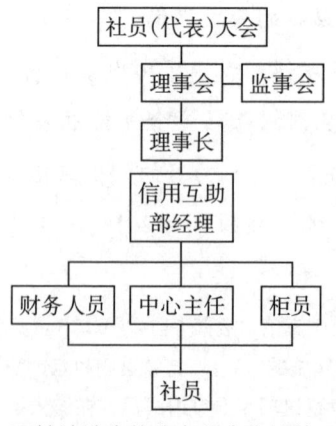

图4-3 西拉沐沦农牧业专业合作社管理架构图

2.折股确权:集体产权转为个人股权

在坚持互助资金集体所有制不变的原则下,布敦花扶贫互助社将政府提供的互助资金折股确权到试点村全体村民,明确互助资金的收益权属持股社员,同时设置新的投资股,增强村民的股东意识,以提高互助资金经营管理效率,防范互助资金的沉淀和流失风险。

第一步,清产核资。核实布敦花扶贫互助社互助资金总额中财政扶贫资金、社员互助资金和利润积累的具体金额后,区分不同资金的所有权,明确财政扶贫资金和利润积累为试点村全体村民共同所有,社员交纳的互助资金归其本人所有。

第二步,按户籍人数折股。全体村民共有的资金为可折股金额,按户籍人口数折股确权,确定人均折股份额,按人配股,按户颁发社员股金证。

第三步,折股确权公示。公示是提高村民参与积极性的一种有效形式,使每个村民了解政府分配到村的扶贫资金与自己的发展相关。布敦花扶贫互助社改造过程中,经历了两轮公示,首先是清产核资结果和户籍人口数的公示,之后是具体折股确权到人到户结果的公示。

3.股权设置:从简单互助走向深入合作

在符合国家对农民合作组织内部互助资金规定的范围内,布敦花扶贫互助社对贫困村互助资金实行股份合作制改革,以互助合作制为基础,引入股份制,建立社区合作金融。

合作社设社员资格股。每个符合入社资格的社员须缴100元作为社员资格股金。扶贫互助财政资金作为试点村全体村民共有的资金折股确权到入社社员,量化为社员资格股,集体资产量化到社员名下的社员资格股不可支取。持资格股社员拥有表决权,表决权为一户一票。资格股收益包括股金利息和股份分红。

信用互助部设社员投资股、管理股、敬老股。社员投资股是需要借款的社员为获得借款而投入的股金,社员投资股金额不得低于借款金额的10%,借款未还清前或担保的借款未还清前不能退股,投资股收益是股金利息。管理股是信用互助部管理人员和业务管理人员入的股金,以激励核心团队增强经营管理的责任感和积极性。理事长的管理股为300股,一般理事的管理股为200股。管理股为入股人的实际出资,享有理事会的表决权和股金收益权。在每届理事会任期结束后,本届理事会发放的借款本息全部回收后可退股。管理股收益包括股金利息和股份分红。敬老股是为弘扬中华民族尊老传统,鼓励60岁以上的老年人入股,每人最高可入20股,其中当选监事的老年人最多可入50股。敬老股入股退股自由,敬老股收益包括股金利息和股份分红。

可支配盈余按股分红。合作社信用互助部的收入包括互助资金存放业务收入和小额借款业务收入两部分。合作社信用互助部成本包括资金成本和操作成本:资金成本指支付社员股金和互助资金的利息以及外部融资成本;操作成本包括管理团队的人员工资、用电用网、纳税、第三方服务费支出等。合作社信用互助部的收入在扣除资金成本和操作成本后,即当年合作社信用互助部的盈余。盈余须计提公积金和公益金,合作社信用互助部的公积金按10%计提,公益金按5%计提。合作社信用互助部盈余在计提公积金和公益金后的部分,即当年合作社信用互助部的可支配盈余。可支配盈余按合作社信用互助部社员资格股、管理股和敬老股的股份总数确定每股分红金额,按股分红。

4.引入社会化服务:粗放管理转向专业服务

内蒙古扶贫办与亚洲开发银行合作的贫困村互助资金改造项目启动前,通过招标确定由Z公司提供专业的第三方技术服务,从而引入企业化管理机制,通过多次调研及与政府部门、合作社、嘎查村民多方讨论,为合作社量身定制了系统的技术服务方案。

优化互助资金业务模式。合作社的信用互助业务坚持社员制、封闭性、不对非社员吸储放贷、不承诺固定收益等原则。合作社信用互助部为社员提供股金业务、互助资金存放业务、小额借款业务(小额借款信息服务)。

优化互助资金业务管理流程。第三方技术服务方Z公司为合作社制定了标准化的互助资金服务操作流程,包括入社入股流程、互助金存放流程、互助金支取流程、借款操作流程、借款发放流程、贷后管理流程。每个流程详细列明了所需步骤、标准要求、标准文书、标准话术等,毫无互助资金管理和工作经验的人员,经过进行相关培训后也可以立即开展工作。

(二)布敦花扶贫互助社的改造成效

布敦花扶贫互助社经过一系列改造,华丽变身为西拉沐沦农牧业专业合作社,获得了继续运营管理互助资金的合法身份,于2016年8月19日正式营业。互助社改造充分调动并提高了农民参与的积极性,增强了合作社社员间的互助合作。2017年3月底,入社社员人数由改造前的70户增至225户;广泛吸收了社员的闲散资金,使合作社自有资金从436800元增加到825465.68元,增加了近一倍。

合作社提供的贷款服务能够满足社员的资金需求,确保合作社具有持续发展的动力。合作社获得其他社会机构的资金投入1905534.32元,使合作社的资金总体规模扩大,平均贷款额度由5000元增加至24604元,可充分满足贷款农户的资金需求,贷款笔数也明显增加;每日营业可以随时满足社员生产生活的资金需求,提高贷款资金的使用效率。

引入市场利率,使合作社具备盈利能力,为合作社持续发展提供外部动力。尽管合作社贷款利率采用市场利率,但由于每个贷款社员同时投入了资金,可获得投资收益,加之相比银行更便捷的手续,因而社员实际的贷款利率降低了,而合作社又能按照市场利率覆盖其成本,具备自负盈亏的能力。

适合的激励措施提升了合作社管理人员与工作人员的积极性,促进了合作社的规范化、专业化发展。改造后的资金互助社具备盈利能力,因而可以聘用专职员工,并采用设置管理股及绩效工资等机制,极大地调动了合作社工作人员的积极性和创造性。

合作社实现可持续发展。截至2021年12月末,合作社持续运营6年多,累计放款554笔,为社员提供1707.41万元资金支持,贷款余额269.5万元。此外,合作社自从2020年开展农资业务以来共服务社员78户,累计统一采购化肥184.8吨,采购金额达59.14万元。

合作社6年多来累计服务费收入达88.49万元,收入除了支付员工工资和办公费用、计提风险拨备之外,社员共计分红111645.00元,计提公积金7万余元。

案例2:郝堂村夕阳红养老资金互助合作社

郝堂夕阳红养老资金互助合作社是从2009年创办的,位于信阳平桥区五里店郝堂村。通过该项目,该村获得的直接好处有两个:一是村民通过资金互助,解决了发展融资难题,农户和集体都增强了发展能力;二是互助社的利息收益和部分分红发给入社的老人,提高了农村老人的收入,增强了他们的幸福感。

一组基础数据是:2009年9月启动,每位老人入社资金是2000元,从2009年到2012年年底,每位老人社员分红依次为320元、570元、720元、800元。项目更深层的益处在于:通过内置金融而非外置金融的方式展开,保证了农村农业发展的收益归于农民,也与我们的土地集体所有制形成配套。

(一)目标

用内置金融的方式激活农村土地产权,增强村民和村社共同体的自主性,让农民自主建设生产、生活、生态"三生共赢"的共富新农村成为现实。

(二)挑战

农民有致富和发展的愿望,却没钱。虽然国家政策要求银行为农民提供贷款,但执行中很难落实;农民有大量的土地、森林、房屋等资产,如果能够实现抵押贷款,农民的发展能力就会有根本性的提升,但正规金融机构都不愿意为农民提供抵押贷款。

(三)解决方案

在李昌平的建议下,郝堂发起"夕阳红养老资金互助合作社"(以下简称"夕阳红")。它的模式是:由村民、村集体、政府和爱心人士等共同出资,形成基础资金池,然后为本村村民提供抵押贷款。贷款的利息收益作为养老金发给入社的老人社员,其他出资者不参与分红,但享有资金监管权力。

(四)执行过程

1. 种子资金筹集

通过政府和外来协作者的协作,发动有积极意愿的村民参与,募集首批资金。2009年9月,首批资金到位,总计34万元。其中,平桥区政府通过科技局拨付10万元,河北大学中国乡村建设研究中心出资5万元,郝堂村村委会集体出资2万元,还有村民主动拿出的14万元敬老资金。加上首批入股的15位老人,股金每人2000元,合计3万元。共计34万元首批资金到位。

2. 建立管理制度和团队

2009年9月下旬,召开发起人大会,确定"夕阳红"为养老资金互助社名称,确立"资金互助促发展、利息收入敬老人",选举"夕阳红"养老资金互助社理事会和监事会,讨论建立合作社章程。章程在贷款审批、风险控制、收益分配、养老功能方面都做了相关安排。比如,当时规定利息收入的40%养老,30%作为公积金,15%作为管理费,15%作为风险金。再比如,通过设计两权(决定贷款权和否决贷款权)分离制度,降低风险。

3. 开始运营

2009年10月30日,夕阳红第一笔贷款发放。次年1月24日,进行首次分红,每位老人当年领取到320元。

(五)效果

(1)郝堂村老人通过加入互助社,每年获取的分红逐年增加,2009年320元,2012年达到800元。

(2)郝堂村经济发展融资难问题得到解决。从2009年合作社成立到2012年12月,资金互助规模达360万元,总计贷款周转额度超过1000万元,并因此获得了更多的政府扶持和投入。

(4)深层意义上,郝堂村将以养老资金互助社为支点,重建村社共同体,探索新双层经营体制及新集体经济实现形式,巩固和完善村民自治制度,实现乡村经济、文化、社区服务和治理的可持续发展。特别是在这样一个过程里,孝道回来了,村委会有了力量,能够回应农民的需求了,能够为村民服务了,也激发了整个村的正向力量。

(六)经验与问题

1. 一个有效的发起人和协调者很重要

比如,在郝堂村"夕阳红"项目中村党支部书记胡静起到了重要作用,在募集敬老资金时,她凭借自己的号召力,给村上在外面做生意的老板打了几个电话,讲了做这件事的好处。10多天,14万元种子资金到位——7人每人出资2万元(含胡静),3年不分红也不要利息。

2. 政府的支持

郝堂村"夕阳红"项目获得了所属平桥区政府的支持,在启动时,平桥区政府通过科技局拨付10万元。

3. 坚持村民自主,外部协作

该项目的管理章程是由首批发起者和村民自己讨论出来的,包括一些在外地经商、打工的出资人也全部专程返回,一起讨论章程,"吵架吵了几十个小时吵出来一个章程",李昌平回忆说。其实,在讨论之前,村民希望提出该想法的李昌平直接给出一个章程,因为此前他在自己的家乡已经做过这样的尝试,并且运作的效果一直不错。但李昌平拒绝了村民的请求,他的想法是:必须由社区成员自己讨论,社区发展协作者可以对讨论结果提出疑问,引导和激发村民的讨论,决不能代替。这样一来,建立规则的时间可能很长,但这个讨论的过程就是协商、统一认识、共同创建合作社的过程,也是发掘合作社管理者的过程。经历了这样的过程,大家才会对互助合作社产生拥有感、成就感、责任感。对这样一个过程,在之后的总结中,我们将其称为"参与式章程制定"。

案例3：供销社系统的资金互助

2015年中共中央、国务院出台《关于深化供销合作社综合改革的决定》，文件提出拓展供销合作社经营服务领域，稳步开展农村合作金融服务。提出有条件的供销合作社要按照社员制、封闭性原则，在不对外吸储放贷、不支付固定回报的前提下，发展农村资金互助合作。有条件的供销合作社可依法设立农村互助合作保险组织，开展互助保险业务。允许符合条件的供销合作社企业依照法定程序开展发起设立中小型银行试点，增强为农服务能力。鼓励有条件的供销合作社设立融资租赁公司、小额贷款公司、融资性担保公司，与地方财政共同出资设立担保公司。供销合作社联合社、金融监管部门和地方政府要按照职责分工，承担起监管职责和风险处置责任，切实防范和化解金融风险。之后，各地各层级供销社开展了多样化的信用合作业务。

2019年10月，中华全国供销合作总社出台《关于进一步做好开放办社工作的指导意见》指出，供销合作社是党和政府做好"三农"工作的重要载体，在为农服务的实践中贯彻落实好新发展理念，必须增强以开放寻求合作、以共享实现共赢的理念，着力克服联合社不联合、区域发展不平衡、与农民联结不紧密等问题。文件提出，要广泛吸纳小农户、各类合作经济组织、新型农业经营主体加入基层社，通过加强基层社"三会"制度，提高入社社员在办社治社中的参与度和话语权，把基层社打造成为开放、民主、共赢的合作经济组织联合体。

案例4：供销社综合改革的"河东模式"：开放办社、资金支撑、联合合作[①]

山东省临沂市河东区供销社从一个濒临破产边缘，各类经济包袱1.2亿元的县级社，发展成为全国供销社系统百强社。2018年，供销社拥有社有企

[①] 作者魏丽莉为中共青岛市委党校副教授，经济学博士。

业23家,基层供销社8家,领办创办农民合作社16家,拥有各类经营服务网点670多个,涉及种植、养殖、农业规模化服务、流通配送、石油化工、房产建材、合作金融等多个行业领域,系统内干部职工近2000人,总资产规模超过14亿,实现销售额94.8亿元,利润8361万元,创造了供销合作社改革发展的"河东模式",为当地乡村振兴和经济社会全面发展作出了突出贡献。河东区供销社改革发展经验既是当地供销社人敢于探索、勇于实践创造的个案和典型,也反映了供销社系统遵循中国农村发展规律,走"联合与合作"的开放发展之路的一般经验,对整个供销社系统未来继续深化综合改革,扩大开放办社规模,不断提高实力和影响力具有积极的影响和重要的借鉴价值。

(一)特色金融服务

供销社构建了具有供销社特色的全系统的金融服务体系支持实体经济的发展模式,推动供销合作社事业蓬勃发展。河东区供销社在区域内所辖的农民合作社内部开展资金互助业务起步早(2006年,最初是以协会形式)、发展规范,通过资金融通、资金积累有力支撑了社有企业各项生产性经营业务发展需要。合作社坚持在生产经营基础上开展信用互助业务,不过度吸收资金、沉淀资金,使信用互助规模同各社有企业生产经营活动和各农民合作社的农业生产经营的资金需求规模相适应,严格遵循生产经营与合作金融发展规律,通过资金互助的业务积累、信用托底、资金融通,为社有企业和农民合作社及其各项事业发展提供了资金保证,形成了系统内资金循环,以金融和实体经济双轮驱动促进了河东区供销社事业健康蓬勃发展。为统筹协调、综合利用区域内互助资金,在更高层次上发挥行业监管、业务指导的作用,在区一级河东区供销社成立亿嘉农民合作社联合社,同河东区供销社"两块牌子,一套人马,合署办公"(河东区供销社的合作金融系统如图4-4所示)。截至目前,河东区供销社已在系统内12家农民专业合作社内部开展信用合作,服务7179户社员,业务规模达到3.84亿元。

第四章 新型农村合作金融组织

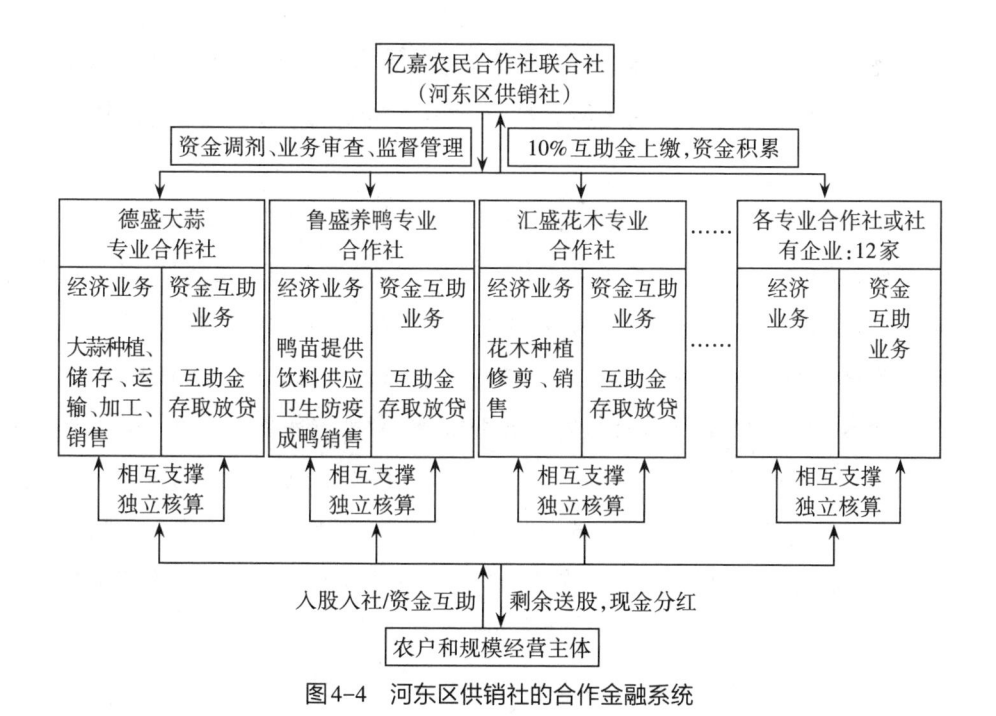

图4-4 河东区供销社的合作金融系统

各专业合作社内部经济业务与资金互助业务彼此独立核算,自负盈亏,但相互支持,经济业务活动的利润盈余留存在合作社内部,资金互助业务通过对社员的存、贷款支持了农民和规模经营主体开展经济活动,货币资金像"血液"一样在合作社内部发挥融通、结算、支付等功能。12家农民专业合作社与亿嘉农民合作社联合社都是独立核算、自主经营、自负盈亏的经济实体,二者通过下级社缴纳10%互助金到上级社,上级社对下级社资金余缺调剂,形成利益共沾、风险共担的合作制的金融服务体系。

为防范和化解资金互助业务的金融风险,河东区供销社建立了严格的制度进行风险管控。如在组织结构保障上,河东区供销社成立信用互助管理委员会(由供销社领导班子、相关科室负责人以及系统内开展信用互助业务的专业合作社理事长成员共同组成),负责系统内信用互助业务的开展以及互助资金运转使用等情况的监督与指导。下设信用互助审查办公室和信用互助监督管理办公室。审查办公室成员由财务、审计、法律等人员组成,主要审查信用互助业务的投资方向、投资额度、保证措施、借款手续等,确保借款及时足额收回。后者主要负责全系统内互助业务的日常监督、管理、审计、指导等工作;监管工作每月两调度一分析,每月一小审每季一大审,及时发现问题,及时整改。

此外,供销社还组建系统内小额贷款公司,以金融服务支撑社有企业生产经营性活动。经过多年农民合作社内部合作金融发展的资金积累,经验日趋成熟,在上级社和金融监管部门的支持下,2016年,河东区供销社发挥系统内社有企业的资金优势和经济实力,发起成立临沂供销小额贷款有限公司,注册资本10406万元,以供销社多年服务"三农"的良好印象和政府"国"字号背景的信用背书,面向临沂市城区中小微企业、涉农企业、个体工商户、农户、公职人员等办理信用担保、抵(质)押、仓储等贷款,并开展企业发展、管理、财务咨询等业务。2019年7月,山东省供销社以山东供销融资担保股份有限公司为主体对公司投资6000万元(占股30%),公司股本扩充至2亿元,更名为山东供销小额贷款有限公司(股权结构见表4-1)。与股权结构同时变更的,还有小额贷款公司的经营区域也扩展至临沂市区及山东省供销系统,并将逐步发展成为全省供销社系统内资金服务平台。截至2018年,临沂供销小额贷款公司累计发放贷款余额62112万元,364笔,176户(表4-2)。其中面向供销社系统内的企业、农户累计发放贷款30745万元,占49.5%。贷款期限均在1年以内,其中,6个月以下的贷款316笔,53608万元,占86%;6个月以上1年以下的贷款48笔,8505万元,占14%。在贷款利率上,通过设计有差别的市场利率极大地促进了供销社系统企业经济业务发展和农户生产经营活动的开展。如对供销社系统内涉农、林、牧、渔业及相关服务业的企业、农户月利率8‰~10‰,其他非涉农企业月利率10‰~12.5‰;供销系统外贷款客户依据行业分类不同及担保措施强弱,月利率在12.5‰~18‰之间。

表4-1 山东供销小额贷款有限公司股权变更及增资前后的股权结构

类别	出资主体	变更前 出资额(单位:万元)	变更前 持股比例(%)	变更后 出资额(单位:万元)	变更后 持股比例(%)	变更后股权合计(%)
河东区供销社系统	临沂成和建材有限公司	5300	50.9	3000	15	37.03
	临沂市中油供销石油有限公司	1500	14.4	3000	15	
	河东区汇盛花木种植专业合作社	1406	13.6	1406	7.03	
山东省供销社系统	山东供销融资担保股份有限公司	0	0	6000	30	30
其他社会主体	临沂伟达建材有限公司	0	0	3000	15	32.97
	山东吉宇建材有限公司	1000	9.6	2794	13.97	
	管佃明	500	4.8	300	1.5	
	殷朝玉	200	1.9	500	2.5	
	牟叶阳	500	4.8	0	0	
	合计	10406	100	20000	100	100

(资料来源:根据山东省地方金融监督管理局公布的信息整理)

表4-2 山东供销小额贷款有限公司经营业务情况

行业类比	贷款金额(单位:万元)	占比(%)
批发零售、服务业	39019	62.82
农、林、牧、渔业	12410	19.98
制造业	9491	15.28
建筑业	596	0.96
住宿和餐饮业	596	0.96
合计	62112	100

(资料来源:山东供销小额贷款有限公司提供)

(二)控股参股、交叉持股

供销社社有企业之间控股参股、交叉持股,形成纵横联合、多层次、多主体、广领域的组织服务网络。河东区供销社在多年社有企业产权主体多元化和市场化改革发展过程中,突破城乡、地域、所有制等界限,通过职工入股、招商引资、合资合作建立新型企业,以企业重组等方式由供销社直接控股或参股众多社有企业,在全域范围内实现了供销社经营业务的广覆盖,形成了一个产权清晰:高度分散且相互交织的组织服务网络体系(图4-5)。这些通过产权联结资本运作的社有企业,在增强自身实力的同时也将农民有效组织起来,团结在供销社系统周围,在这个过程中,实现了供销社得发展、股东得利益、农民得实惠的多方共赢。截至目前,河东区供销社23家社有企业涉及种植养殖规模化服务、流通配送、石油化工、房产建材、合作金融等多个行业领域,总资产规模超过14亿。2018年,年销售额达94.8亿元,实现利润8361万元。

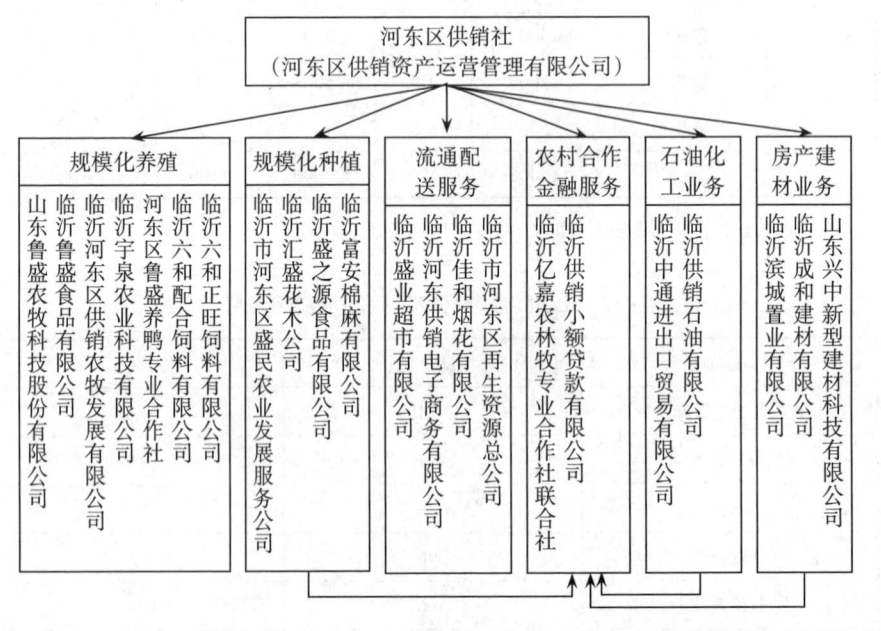

说明:箭头表示持股方向

图4-5 河东区供销社企业经营范围与相互持股情况(部分)

以流通领域的临沂盛业超市公司为例,临沂盛业超市有限公司最初在2007年由河东区供销社联合莒南县供销社开元百货,整合河东区供销资金、设施优势和莒南开元百货成熟的管理经验成立。2014年临沂市供销社又以设施、资产入股。顺应电子商务和网络购物发展需要,2016年,全国供销合作总社供销e家注资500万元,和临沂盛业超市共同成立河东供销电商公司,开发电子商务网上销售平台,从线上线下双向发力,已经成为市级商品流通的重要平台(图4-6)。截至目前,已经成为固定资产5400万元,员工500余人,拥有仓储配送中心3处,库房面积5万多平方米,电商运营中心1处,乡镇直营网点16家,直营卖场6万平方米,电商服务网点70多个,村级加盟店180多个,3万多个商品品类同步上线经营,100余类农特产品网上销售,年经营额5亿元,以超市连锁经营为统领,农产品采购、仓储、冷藏物流、日用品销售、电子商务为一体的批发零售企业。

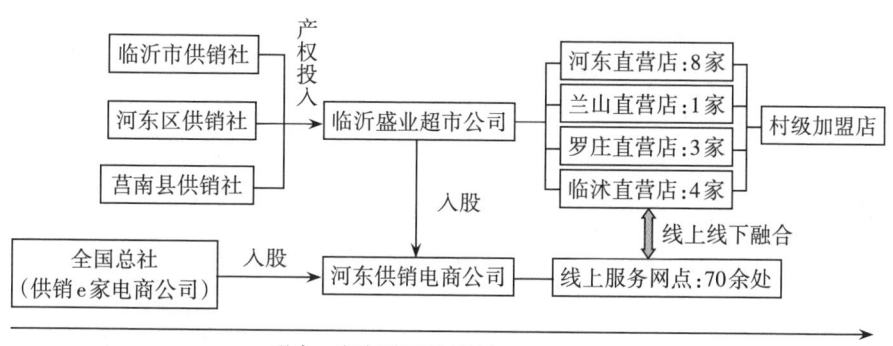

图4-6 河东区供销社商品流通网络

第五章

合作社与社区服务

国际合作社联盟(ICA)在其成立100周年之际,确立了面向21世纪的合作社基本原则,其中第七条原则为"关心社区发展"。国内的合作社从理论到实践,对"关心社区发展"不够重视,大都认为经济发展是合作社的首要或者全部任务,没有资金收入,何谈"关心社区"。

在乡村建设实践中,一批合作社通过多年的发展历程证明,合作社的目的不是唯经济发展,其有更高层次的定位:提高农民的生活品质,如同2012年国际合作社年的主题"合作社,让世界更美好"。而美好的世界、有品质的生活,不仅是帮助农民增收,而且应包括让农民生活更有尊严、社区更宜居、人际关系更和谐。

本章介绍了合作社为什么要开展社区服务,关心社区和开展社区服务可以做哪些事情,以及社区自治组织怎么去开展相关的社区活动和社区服务。多年的乡村建设实践证明,社区服务并非合作社的负担,反而可以与经济目标互相促进。社区服务的开展为合作社其他业务带来正向影响,可以促进群众认同和合作理念的培育,有利于吸引更多人加入合作社。而这又推动合作社发展壮大,创造规模需求。而特定的业务领域,如联合购销、互助金融等都需要社员广泛参与,跟外部企业对接,也同样需要由"人员规模"带来的谈判地位。此外,这些业务板块带来的收益也可以用来服务社区成员,如以公益服务的形式返还，比如合作社开办幼儿园、养老中心等，逐渐改善农民的生活状况，并由社区内部组织低成本地满足农户需求。这就形成了社区内部的多维度"社区代币"，有利于消解唯货币主义的社区关系物化。合作社开展经济项目和社区服务并不矛盾，相反是可以互相促进的，可以形成独特的社区内部循环体系。

第一节　合作社为什么要开展社区服务？

合作社关心社区，是由合作社的本质属性决定的，诞生于19世纪中叶工业革命中心——英国的合作社运动，其根本上在于寻求一种更能体现"自助、民主、平等、公平和团结"的人类组织形态。马克思认为，合作运动是改造以阶级对抗为基础的现代社会的各种力量之一，这个运动的重大功绩在于，它用事实证明了那种专制的、产生赤贫现象的、使劳动附属于资本的现代制度将被共和的、带来繁荣的、自由平等的生产者联合的制度所代替的可能性。[①]虽然国际合作社的发展在此后愈发多样化，但根本在于以人的发展为服务对象，而非以资本的发展为服务对象。而作为社会关系总和的人，特别是其中的劳动者，是无法脱离各种生活场景而存在的，其个体的发展也取决于各类社会关系。因而，农民合作社应当服务乡村振兴和农村社区发展，并在此过程中，实现自身发展。

服务社区，是实施乡村振兴战略的必然要求。实施乡村振兴战略的总要求是产业兴旺、生态宜居、乡风文明、治理有效、生活富裕。乡村社会因其在生产、生活、生态等方面的内在统一性，使得上述五个方面在实践进程中是连贯的、不可分割的。合作社的所有者与使用者同一，社员民主控制与收益按交易额返还（使用者受益）等特性，使其成为推动乡村振兴多元目标实现的有

[①] 马克思、恩格斯：《马克思恩格斯全集》（第16卷），人民出版社，1964，第219页。

力工具。在各地基层党支部、村委会通过合作社带动村民致富的案例中,我们看到,村干部的号召能力增强了,干群关系改善了,民众的生活也得到了改善。在脱贫攻坚阶段,各地涌现出各种类型的合作组织,在群众脱贫、生态资源利用、基础设施建设与维护,乃至村容村貌改善中都发挥了重要作用。

服务社区,有利于合作社自身建设。组织化现象本质是有序性的构建,在现实情境中表现为多样态的文化样式,包括共同体文化心理、社会共享的公序良俗规范、人群的精神气概与情感归属[1]。作为农民组织化过程的社区合作社建设也不例外。张晓山指出,农民合作社的健康可持续发展不仅仅取决于经济因素,还与广大社员人文精神的培育有着密切关系。合作社可持续发展的底蕴来自广大社员对合作社秉持的理念、价值观和人文精神的理解和认同……合作社是民主的大学校,农民在这里学习政治民主和经济民主,培养共同的价值观,这是最宝贵的财富,也是合作社可持续发展的底蕴。[2]在农民合作社成立初期,群众并不了解合作社是做什么的,这个时候通过文艺、社区服务等形式,可以加深群众对于合作社的认识,提升合作社在村庄的形象,增强群众基础和合作社的号召力。

在合作社日常运行中,承担基础设施建设管护、养老服务、儿童教育等社区公共服务,对外不仅有助于扩大合作社影响力,还可以拓展合作社的收益来源;对内则有助于培育一种重视互助、重视孝道、重视生态的新型乡村文化,同时也有助于培养社员的公益心、责任心。从根本上讲,积极向上、乐善互助的社区文化,是农民合作社生长的沃土。

应当加以强调的是,社区公共服务的开展与农民合作组织建设并不是割裂的。前者可以为后者提供一种互助文化上的准备,而这样的互助文化是衡量一个社区合作社是否"徒有其名"的根本准绳。蒲韩社区农协最开始起于村里妇女"想像城里人一样跳舞"的念头,并未有更宏大的构想,也没想要成

---

[1] 吕程平:《生态文明的社会发展理论:广义信息、高质能量与人的发展》,东方出版社,2021,第65页。

[2] 张晓山:《乡村振兴战略》,广东经济出版社,2020,第215页。

立"合作社"。然而,即使是如此简单的想法,仍要突破村中无形的"文化压力",最开始练习跳舞的那个下午,参加者几乎是在村里人的围观、讥讽中度过的。这种"文化压力"如此明显,以至于带头人郑冰不禁疑惑:"我就很难理解,打麻将没有人笑,为什么跳一个健身秧歌就会有那么多人笑?"绝大多数的基层组织尝试一些新事物,会像池塘中涌起的水泡一样,往往自生自灭,转瞬即逝。蒲韩社区一位骨干曾这样表示:"过去这么多年走的每一步,都是在与各种流言蜚语和农村各种'恶势力'斗……"非常难得的是,最开始只有6个人的跳舞活动最终坚持了下来,一个月后,已经有80多名本村妇女参加跳舞,而在之后不长的时间里,在寨子村的影响下,周边43个村有了妇女跳舞小组——这与后期经济合作的延伸范围高度重合。早期在舞蹈队中形成的组织骨干和人际关系也成为后期合作社发展的根基。

案例1:留坝扶贫社

地处秦巴山区集中连片特困地区的留坝县,是国家扶贫开发工作重点县。2016年开始,该县以发挥农村基层党组织的战斗堡垒作用为切入点,推动"村级扶贫互助合作社"(简称"扶贫社")的村级组织制度创新,力图改变村级集体经济组织基础薄弱、缺乏资金、资源统筹能力不足的现状。以扶贫社为抓手,综合提升基层产业发展能力、现场治理能力、公共事业自主开展能力和乡村动员能力。2018年,该县退出贫困县序列;到2019年底,全县贫困发生率从2016的10.34%降至1.04%。在这个过程中,基层党组织的凝聚力、战斗力得到了较大提升,干部威信得到加强。

村级扶贫互助合作社由村级股份经济合作社(简称"股份社")、公益性服务队和扶贫互助资金协会三部分构成,村支书担任扶贫社理事长,兼任股份经济合作社理事长,第一书记担任监事长,全体村民作为社员,享有股份收益,从而形成了全体村民参与的农村基层组织管理平台,村庄的政治职能、行政职能与经济职能得到统一。事实上是将村庄治理与村庄资源运营相结合。

扶贫社在村党支部领导下，创新性地将村庄资源整合、产业发展、资金融通、村庄治理等事业进行一体化推进。扶贫社理事会负责资源整合、运营管理和组织协调。

股份社承接各类生产经营、基础设施建设和涉农资金整合项目，并按程序发包给专业生产队实施，从而将产业和项目收益尽可能地留在本村。扶贫社承担接纳所有来自上级的涉农项目和资金，让广大农户真正成为惠农资金的受益人。扶贫社发挥作用的领域也从农业生产向建筑工程、环境整治、资源管理、旅游开发等扩展。

互助资金协会为村民产业项目和股份社发展提供资金支持。县财政给每个扶贫社注入30万元原始本金，专门用于群众的小型生产类项目。

为了严格规范扶贫社的运行，该县在"村财镇管"的基础上，完善扶贫社财务、项目管理制度，确保项目运行、资金运作、财务结算等方面都有章可循。制定了《留坝县村级扶贫互助合作社收益分配办法》，让扶贫社收益分配有章可循，按照政府15%、村集体15%、村民70%的股权进行分配，在提取公益金、公积金，留足再生产资金后，拿出一部分给村民分配。由扶贫社社员大会协商确定提取比例、分配形式和分配比例。由村第一书记担任监事长，兼任驻村廉政特派员，监督扶贫社运营情况。

扶贫社成立以来，成为小农户与市场对接的有力载体。当地依托扶贫社，发展了食用菌、高山花卉、亲水营地、精品民宿等各种类型的产业。全县大部分农户都被吸纳到各种类型的产业链上。一些村庄通过"龙头企业+扶贫社+贫困户"的产业托管模式，由扶贫社建设生产基地（建大棚及提供各种生产设备），并组织村民务工。农业公司租用生产基地，向扶贫社支付租金和管理费用，接受贫困户入股，雇佣村民。当地在生态猪、散养鸡、食用菌、中药材等产业中，通过扶贫社与企业谈判，确定收购价格，按生产标准组织村民生产，确保农户收入。

扶贫社的公益类专业服务队则主要开展公益事业、公共服务和乡风文明建设。依托扶贫社，留坝目前在各村建立了"三队"（卫生保洁队、自来水管护队、乡村道路管护队)、"两会"(道德评议委员会、院坝说事会)、"一屋"(德美屋)、"一规"(村规民约),初步形成了乡村从生产、生活到意识形态建设"事事有人管,事事有人办"的治理格局。扶贫社通过提取公积金和公益金,村集体资金积累充实起来了,从而为村级公益事业和公共服务提供了资金来源。依据村规民约,村民日常行为与道德积分联动,并体现为年底扶贫分红中的增减变化,从而形成了与利益切实挂钩的行为规范。

案例2:哈巴河县"守"艺工坊谱写"党支部领办合作社"新篇章[①]

细腻绚丽的哈萨克族刺绣、独具特色的哈萨克族小刀、悠扬婉转的冬不拉,各类精美的手工艺品琳琅满目:哈巴河县萨尔塔木乡库尔米希村以"党支部+合作社"模式,成立股份经济合作社——"守"艺工坊,传承少数民族优秀传统文化,助力农牧民群众稳定增收。

(一)一针一线,绣出诗意生活

走进萨尔塔木乡库尔米希村股份经济合作社,映入眼帘的便是一面由哈萨克族刺绣作品组成的移动展示墙,一幅幅色彩斑斓的刺绣作品展现了哈萨克族人民的风俗习惯、美好祈盼,一针一线都是哈萨克族群众对自然的崇敬和对生活的热爱,也展现了各民族之间交流交往交融,共创新生活的美好画卷。

萨尔塔木乡库尔米希村党支部书记胡木尔别克·哈布都拉苏力介绍:"我们以党支部领办合作社的形式建起了这间'守'艺工坊,充分发挥党组织引领作用,将全村刺绣艺人聚集到合作社,碰撞思想、切磋技艺,推动了哈萨克族刺绣工艺的传承和发展。"

莎拉·那毕多拉是库尔米希村刺绣工艺的带头人,从1993年起她一直致力于哈萨克族刺绣工艺的传承与发扬,带领10名哈萨克族妇女成立刺绣合

---

① 本案例选自公众号"哈巴河县零距离"2022年8月7日文章。(通讯员:郑凯旋、马宇)。

作社,刺绣产品"供不应求",人均年收入达1万元。

莎拉·那毕多拉表示:"'守'艺工坊刺绣工作室的建成为当地刺绣艺人提供了就业创新的平台,也吸纳了党员干部、刺绣爱好者、游客到这里开展研学、观摩活动,为传承古老工艺搭建了良好的平台。"

(二)一锤一炼,锻造匠人精神

在这个静谧的小村庄中有许多能工巧匠,司马义·赛平就是其中一位。他15岁跟着舅舅开始学习制作哈萨克族手工小刀,已将手工刀技艺锤炼得炉火纯青,他做的哈萨克族小刀造型精美、刀刃锋利、别具一格,具有极高的实用价值与艺术价值。

在村党组织的统筹下,司马义·赛平的制刀工作室由自家的小院搬到了宽敞的合作社中,各类工具、材料一应俱全,成为"守"艺工坊的一大亮点。

为使游客能够亲身体验制作小刀的乐趣,工坊中设置了小刀制作体验环节,游客可以面对面和技艺传承者交流,既锻炼了游客的综合实践能力,同时也推动了传统技艺的继承和发展。

哈萨克族手工刀技艺传承人司马义·赛平表示:"加入'守'艺工坊后,党组织在资金和宣传上给予了我很大的支持,很多人都对小刀的制作过程产生了兴趣,今后会有更多的人来传承这项技艺。"

(三)一弹一拨,奏响美好期盼

"当你降生的时候,歌声为你打开门户;当你长眠的时候,歌声伴你进入坟墓……"哈萨克族群众的一生都与歌舞密不可分,他们对民族音乐有着与生俱来的热爱。弹一曲冬不拉,跳一支黑走马便是哈萨克族群众热情好客的生动体现。

冬不拉制作技艺传承人哈德尔·特列吾汗在20岁时就开始制作哈萨克族冬不拉,经过几十年的摸索与改进,他制作的冬不拉广受欢迎,已制作并销售1000余个,年制作40个左右,为冬不拉制作技艺的传承和发扬作出了独特的贡献。

哈德尔·特列吾汗表示:"身为一名共产党员,我将牢记习近平总书记'要加强非物质文化遗产保护传承,把各民族优秀传统文化发扬光大'的殷殷重托,努力做好冬不拉制作技艺的传承人,将民族文化继承好、发扬好。"

近年来,哈巴河县积极发挥产业大党委的引领作用,在乡(镇)成立合作联社,村党组织领办合作联社分社,依托中草药种植、现代牧业园区优势,探索实施土地"溢价分红"、闲置空地"作价入股"、闲置门面房"引商分红"、集体节水灌溉设施"保租分红"、集体土地"自建自营"等5种发展模式,不断拓展和延伸产业链条,逐步形成企业、村集体、农牧民群众三方合作共赢的发展格局。

专栏:合作社可以开展哪些社区服务

◆ 承接小型公共工程;

◆ 开展文化建设,关注农村精神文化生活;

◆ 关注村庄儿童教育,如关注留守儿童、开展自然教育等活动;

◆ 建立老人活动中心,给老年人提供聚集和谈心的地方,带领老人外出游玩,有条件的可以开展社区养老项目;

◆ 关注社区的卫生环境,比如清扫垃圾,推动垃圾分类,进行美化环境行动。

小贴士:合作社和村"两委"关系

在现实情境中,需要注意处理好合作社与村"两委"的关系。关于合作社带头人是否一定需要在村委会任职,不能一概而论。合作社带头人本身兼任村委会干部,有利于获得更好的群众动员能力,更好地承接政府资源。在一些合作组织发展基础较好,获得政府较多支持的地方,还提出了村委会成员加入合作社的倡导。但是,村委会干部有其自身的考核标准和职责安排,如果兼任可能会形成较大的事务性工作压力。此外,过于依赖上级项目支持,长期来看并不利于合作社的健康发展。

不论如何，与村"两委"保持和谐的关系是很重要的，合作社应处理好和乡镇政府及村委会的关系，在力所能及的范围内，协助村"两委"的工作。

案例3：合作社在城乡融合发展下如何助推村庄发展——屏南爱故乡生态农业专业合作社[①]

屏南爱故乡生态农业专业合作社位于福建省宁德市屏南县熙岭乡四坪村。四坪村位于九峰山下，距离县城40千米。村庄平均海拔800米，森林茂盛，气候舒适，是人与自然有机融合的理想区域。村庄历史悠久，古村依循传统建筑格局规划，山清水秀，土润泉甘，峰峦叠翠，梯田旖旎。村落基本保持明清时期村落的建筑布局，现有较为完好的明清古建筑二十余座。同时村庄还传承着第二批国家级非物质文化遗产代表性项目"平讲戏"。

2017年，四坪村在屏南县传统村落文创产业项目总策划林正碌指导下，兴修雨廊，引水成瀑，开凿溪道，修缮古宅，引进新村民入驻，整饬村容村貌，让"空心"古村再次精彩绽放，被誉为"福建最美园林式古村"。近年来，四坪村先后荣获第六批"福建省历史文化名村"和第三批"福建省传统村落"称号。2020年，由中国人民大学、西南大学和福建农林大学相关院系联合共建的屏南乡村振兴研究院入驻四坪村，为村庄发展带来新的活力。

（一）整合村庄资源组织成立合作社，以"三新"理念和村庄发展规划把握自身定位

屏南爱故乡生态农业专业合作社成立于2021年3月，在屏南县熙岭乡四坪村"两委"、屏南乡村振兴研究院、北京小毛驴市民农园、北京爱故乡文化发展中心的指导支持下，由四坪村乡贤、村民自发组织而成。在前期，合作社协助并参与西南林业大学刘娟娟老师在四坪村做全域生态资源的调研，在"生态设计+"的生态化设计理念下，在"三新"（新阶段、新理念、新格局）思想的指导下，对村庄全域生态资源做多规合一的村庄发展规划，定位为建设有活力、有创力和有魅力的四坪慢生活生态创意村。合作社根据自身资源及发展需

---

① 本文案例由屏南乡村振兴研究院组织撰写。

要,参与规划中的部分业态打造,找准自身发展定位,助力村庄的乡村振兴发展。

(二)以"四生"理念对生态资源进行生态化开发,广泛联合资源开展多业态集成创新

合作社根据村庄的资源及未来发展定位,以"四生"(生态、生活、生产、生命)融合的发展理念,广泛联合各方资源及新老村民开展低成本、多业态的集成创新,打造"文创+农创+星创"的丰富新兴业态。

目前,联合福建农林大学、福建省农科院开展"藏粮于田、藏种于民"的稻田生物多样性系统构建实验,开展多品种生态水稻试种、稻鸭共生、稻鱼共生等项目试验,并与北京小毛驴市民农园共建小毛驴四坪农园,构建社区支持农业模式(CSA)的生态农业系统,共同推动"粮食安全屏南行动"和生态农业转型,并开发农耕劳动教育与自然教育等研学体验活动及课程体系;改造闲置的特色夯土墙古厝为爱故乡驿站,改造荒废小山坡变星空营地,盘活设施性资产"雨廊"变"乡愁"长廊;联合新老村民利用本地产品及文化创意共同策划生态创意集市,联合天津生态城大地之声社会教育中心、北京情意自然教育科技有限公司利用村庄丰富的自然资源、深厚的历史文化开发设计本地研学课程,吸引城乡市民参与;与新工人乐团、新老村民共同创作四坪村村歌《云四坪》,挖掘并协助屏南县四坪村平讲戏传习所传承并创新被尘封40余年的国家级非遗"平讲戏";联合福建省天文学会以暗夜星空为主题打造全国首个暗夜保护村及云四坪乡村天文馆,开发科普研学体系,开发文创产品;联合乡野艺校、四坪村村委会、爱乡会、平讲戏传习所、云四坪志愿队等村内外组织共同策划并开展中秋丰收季系列活动、"煮百家粥送祝福"等活动,凝聚村庄力量,丰富文化活动。

(三)村集体统一管理,多元主体创新多种合作模式

通过村集体统一管理、合作社运营、外部主体合作开发、村民共同参与,多元主体以多种合作模式把村庄的星空、云海、日出、古村、瀑布等自然资源及历史文化资源转化为独特而丰富的产业业态,壮大集体经济,打造村庄独

特IP,以此激活村庄闲置资源。如"乡愁"长廊是由"四坪村集体经济合作社(出场地)+屏南爱故乡生态农业专业合作社(搭平台)+四坪村新老村民(供产品)"共同打造的一种新合作模式,即由合作社搭建新老村民联合创业平台,统一经营,利益共享,通过品控分级、统一包装设计、合理定价,利用数字科技无人展销统一收款,帮助村民销售自家农副产品、特色手工艺品及文创产品,同时新老村民定期开展生态创意市集、研学等文创活动,通过三产融合、组织创新增加产品价值,避免不良竞争,带动集体与村民增收,提升村庄品牌的影响力。

(四)建立内部培训机制和人才培育机制

参与各类学习、培训活动,建立内部学习机制,注重人才培育,加强在理念、经营、管理、技能等方面的综合学习。合作社成员外出到陕西袁家村、福安南岩村,以及县内的前汾溪、寿山、北墘村等地学习;与屏南县电子商务服务中心联合开展"如何利用抖音助力乡村振兴"专题培训活动,参加首期全国文创推进乡村振兴研修班、首届全国乡村振兴硕博研习营、乡村振兴系列沙龙活动等。

(五)广泛宣传,打造村庄公共品牌

协助村庄打造并运营村庄公共品牌"云四坪",通过美篇、微信公众号发布日常动态,宣传并推广村庄品牌;联合乡级小程序"文创熙岭"平台合作推广村庄特色与业态;通过《农民日报》《重庆日报》《福建日报》《闽东日报》等媒体推广典型案例与创新经验,联合CCTV-17拍摄专题节目3期,通过中央广播电视总台平台"央视频"开展4期直播活动,不断提升村庄的知名度与社会参与度。

合作社作为四坪整村产业发展与乡村振兴的平台,根据村庄资源优势、村庄发展规划打造相关业态,旨在通过"三变"改革,以绿色文化为引领,以生态农业为基础,以农文旅教为带动,增强农民合作,引导市民下乡,综合发展农耕体验、乡土教育、自然康养、山居民宿、健康农产品产销等多元业态,促进三产融合及生态资源价值实现,使乡村文化得到传承和创新发展,乡村活力

得到持续激活,村民收入进一步增加,城乡要素双向流动、融合发展,重构新型集体经济,实现共同富裕。

第二节　文化建设　收效最大

　　随着经济的发展、时代的变迁,乡村社会也发生了巨大变化。乡土社会被动地卷入了城市化过程,以物质利益为衡量的效用指标加速了乡土文化的解体。人是一种复杂的生物,幸福感也不单单是以金钱来衡量。现代心理学已经表明,情感需求、陪伴需求、交往需求、被尊重和被认可的需求,这些无形的内在需求是否得到满足,决定着人类幸福与否。

　　开展社区服务,就是迎合村庄中人们的需求。人们渴望过热闹的集体生活、渴望展现自己、渴望被尊重……很多时候,这种多维度需求难以明确表达,常常被压抑甚至被扭曲,只剩下无奈和叹息。在下面的案例中,社区合作社开展文艺活动、社区服务,让许多老人不仅能够锻炼身体,而且也能倾诉烦恼。家里有烦心事,出来交流一下,大家帮忙出主意,在互助中解决生活中遇到的一些困难。凡此种种,看似平常的社区活动,事实上是在以一种新的立足于社区的本土化方式,满足民众多样需求,重建多维度的社区生活。

　　从另一个角度讲,进入了21世纪第三个十年的中国,在几十年高速发展后,城市和乡村的人们是有可能以一种更平和的心态看待和思考究竟什么是自己要过的生活。一味追求突飞猛进的经济发展方式,其代价不仅是环境的恶化,更是人际关系的单维度(唯利化)的加剧。当下,很多城市人想寻求自己的"悠然南山梦",如果不对乡土文化加以保护和传承,有一天你可能突然发现,乡土社会中最有价值的那部分已然消失殆尽。

专栏：社区工作者谈怎样开展社区工作

(一)应该有什么样的心态?

开展社区工作，要脚踏实地，不要感觉自卑，也不要傲慢，与村民应该促膝相谈，了解他们的想法，走入他们的内心，让他们也能接纳你。同时，自身要不断学习。

在村里要找到对你有认同感的伙伴或家人，一起来做。这样当遇到挫折时，可以相互鼓励，不会失去信心。要让别人信任我们，靠的是诚信与爱心。既然回村里，就要做好吃苦吃亏的准备。创办合作社的目的要明确，目的是为大家共同的发展，而不是为了个人的利益。所以要凝聚人心，团结起来，才能把合作社做好。通过做社区服务，架起一座友情的桥梁，使得大家能够更好地交流，相互信任，这样就不怕我们的合作社发展不好。

(二)我们应该有什么样的动员方法?

合作社开展社区活动，首先要了解整个村子的情况，找到两三位志同道合的人，把自己想做的事情先给他们讲，让他们明白，然后立刻行动起来。活动的发起人，要学会观察每个人的性格、品质和爱好。举办什么样的活动，适合什么样的人群参加，就需要把这类人聚集在一起。在群体中再发现热心人，让他们也能加入活动组织工作中。

刚开始，可以开展大家能广泛参与的文娱活动，如跳广场舞能迅速聚集很多村民，跳累了休息的时候，可以相互谈心聊天，通过这样的交流，可以了解到大家的心声。之后就抓住大家需求，举办适合他们的一些文艺活动。社区开展的活动不能是完全模仿别人的，而是要切合实际情况与当地村民的需求，并结合自身的能力来举办。例如，在妇女节的时候，我们组织妇女搞一次切萝卜丝大赛，这样的活动妇女人人都能参与。这样的活动举办一次成本不高，也能让更多的村民参与进来。还可以邀请镇妇联的同志来参加，妇联的同志往往会买些奖品带过来，这样，既降低了活动成本，还能让村民感觉很高兴，领导也开心。所以，要合理地利用身边所有的资源，为村民搭建一个小的平台。

刚开始搞文艺活动,如果没有道具,尽量废物利用。比如鸡蛋壳、碎布头,这些简单的材料如果适当设计,也可以很精致。要学会利用身边的资源,节省资金。刚创办合作社,没有资金,不要气馁,发动大家动脑筋,就会想出好办法。

(三)开展文化建设的好处

1.文艺队是合作社聚人气的很重要的手段,大家慢慢在一起磨合,培养合作精神,先小合作解决小矛盾,才可能有大合作。

2.文化活动对于召集社员开会有很大帮助,不需要专门的办公场地,在大家看表演的时候就能把合作社要说的事情通知大家。

3.利用文艺的形式宣传,有利于乡村合作、家庭和谐,也方便集中学习政策法规等相关内容。

(四)文化建设的形式

1.可以发动老年妇女成立文艺队,建立文化广场,每天组织村民唱歌、跳舞、跳健身操,改编老歌让社员传唱。

2.可以定期组织村民开展运动会,重阳节给老人过节。

3.开展一系列弘扬村庄正气和优良传统的活动,如围绕某个话题进行辩论赛,开展十佳儿媳妇、十佳公婆、五好家庭等评选活动。

4.传播健康养生理念和知识,组织村民跳养生操。

5.可以借各地富有地方特色和民族特色的传统节日举办活动。

6.合作社组织社员参加各种学习培训,如吉林某合作社倡导"三个一"工程:要求社员每天写一首诗或唱一首歌,愉悦身心;一天一篇日记,记录工作与生活中的感悟;每个月读一本好书,提升自我文化修养。

7.在其他地区发生自然灾害的时候,可以动员社员以捐款捐物等各种形式帮助受灾地区,培养社员的社会责任感。

案例4：简阳新天地合作社的社区多功能性[①]

自2010年简阳新天地合作社在村里推广生态农业开始，就不断地组织村里的骨干和农民进行培训和开展群众活动。2010年重阳节，合作社开展老年人和孩子共同参与的活动，收到了很好的效果。合作社希望通过这样的活动起到宣传效果，配合生态种植的推广，吸引更多村民加入合作社。此后，合作社便开始筹备建立妇女文艺队和老年协会。

合作社的妇女文艺队主要组织妇女跳舞，利用文艺宣传活动扩大合作社的影响力。刚开始很多妇女都不愿意参加。合作社的妇女骨干也没有开展文化活动的经验，后来通过参加培训，慢慢摸索出一些路子，她们把对跳舞感兴趣的人召集起来，经过几次动员后，大家的"面子思想"就没那么重了，也愿意参加排练与表演了。老年协会也在合作社的带动下发展起来，并且和妇女文艺队相互配合。一些退休老师主动教大家跳舞、打鼓、唱歌。合作社又向市文体局申请添置了设备。有了一定表演能力后，村里的一些红白喜事都会请合作社妇女文艺队去表演，这就无形中扩大了合作社的影响力。与此同时，老年协会也积极配合合作社的各项宣传、动员工作。这些老年人在群众中的威信高，对合作社发展起了很好的推动作用。

简阳新天地合作社发起人袁勇认为，合作社的主要功能不应该仅仅放在实现增加收入上，还应满足农民的精神、文化、娱乐、健康、教育等方面的需求。袁勇认为合作社要想有根基有活力，就要坚持带动村民学习和为村民服务。

合作社开办的第一年，两个星期至少搞一次社员培训，培训就在村委会会议室举行。70多名社员中，每次参加的有40名左右。培训内容为学习生态理念、健康知识等。培训老师来自各行各业，大部分从事社会公益活动，免费授课。这就逐渐提升了合作社社员的知识文化水平，有利于生态农业等新理念的推广。

[①] 案例调查组成员：汪维行、张俊娜、李爱民、傅艳吉。该案例编入时做了大量修改。

在生态理念教育上，合作社首先对示范田的户主进行强化培训，通过讲座、视频、讨论、游戏等方式，帮助社员认识到过量使用农药、化肥对生态环境、对自己和子孙后代健康的危害等。合作社还带领社员去周边生态农场参观学习。

随着简阳新天地合作社逐渐发展壮大，合作社开始在更加立体多元的领域尝试提升生活品质。此时，社区合作组织的意义就不仅仅是为农户增收，更是成为改善生活品质的"发酵装置"。

在农户生产服务方面，合作社提供涵盖生态农业生产销售全过程的服务，包括技术人员下田开展示范、现场指导等技术服务，为社员统一采购种子和化肥，统一收购农友多余的稻谷进行加工销售等。

合作社在开展生态农业服务的同时，还组建了老年协会、妇女协会、妇女文艺队，提供文化娱乐、家庭教育等综合服务，并在传统节日举办自编自导自演的乡土文艺活动，凝聚人心。

合作社还组建了健康俱乐部，给社员举办健康知识讲座，并组织社员开展保健养生活动，提高生活品质。在妇女节、儿童节、中秋节、重阳节等节日，则组织妇女、儿童、老人开展各种联欢、慰问活动，潜移默化中增强村民对合作社的认同感。

在寒暑假期间，合作社与中国农业大学、四川农业大学、梁漱溟乡建中心合作，利用大学生假期社会实践的机会开展面向留守儿童的支教活动，让留守儿童和爷爷奶奶一起学习传统文化。

几年下来，简阳新天地合作社为村庄带来了多方面的"收益"。生态效益方面，2011年末，合作社社员增加到408户，占全村农户总数的81.1%。与此同时，合作社开始尝试玉米、红薯等的生态种植试验，生态种植面积进一步增加到近800亩，约占全村耕地的40%。2012年，合作社开始推动生态水果等的种植试验。这样，生态种植就慢慢推广到了村庄传统种植的所有农作物，在全村形成了农作物品种全面生态种植的局面。2017年，合作社的服务范围扩展到了周边三个村子，带动800亩地实施生态水稻种植。

社会效益方面,由于全面推广生态种植,该合作社管理团队(同时也是村"两委"成员)赢得了广大村民的充分信任和拥护,改善了干群关系。合作社开展了一系列文化活动,提高了群众参与公共事务的积极性。

由于工作得到了政府和社会各界的认可,村委班子的干劲儿十足。一位村干部说:"原来没办这个合作社的时候,我们推进很多事情没有抓手。合作社办起来了,生态水稻推广开了,有了点成绩,就想把它越干越好,在环境卫生、文化建设各个方面都想把它做好。"

经济效益方面,2011年以来,因土壤肥力逐步恢复,生态系统不断修复,水稻亩产达到了900多斤,较常规栽培的水稻亩产增加了近50公斤,增幅达10%。合作社社员生态种植的稻谷销售价格也显著提高,而由于化肥、农药投入减量,每亩成本可节约500元。

第三节　儿童教育　社区之本

为什么要关注儿童的教育?

如今,很多农村学生到城镇读书,这不仅给家长和学生带来不便,加重了经济负担,也导致孩子们在很小就开始远离农村环境。而更要紧的是,农村留守儿童面临家庭教育的缺失。孩子们的父母大多进城务工,孩子留给爷爷奶奶照顾,造成隔代教育的诸多问题,比如养成孩子们娇生惯养的毛病,以及留守儿童的人身安全问题等。

开展儿童的社区教育是合作社社区使命的重要体现。1995年国际合作社联盟提出的"合作社基本原则"其中一条就是"关心社区发展"原则。从乡村教育现状也不难看出,社区儿童教育是乡村社区很迫切的需求。

有很多合作社带头人不理解:我们为什么要开展这么多与合作社经济不相关的业务?事实上,开展社区儿童教育,满足了社员和村民的现实需求,增强了合作社在村庄里的群众基础,提高了合作社的影响力。孩子是家庭中重要的关注点,合作社的社区教育服务必然会加深社员与合作社的关系,提升社员对合作社的黏性。这实在比给社员分红几百块钱更能吸引社员。社区服务虽然并不一定与经济活动相关,但通过社区活动增强社员对合作社的信任,却能让合作社经济活动开展得更加顺利。

如果一个农村的孩子不再对田野、山林有感情,不愿回到农村,这样的农村很难说是有希望的。因此,社区儿童教育,关系着乡村的可持续发展。通过开展系列活动,孩子了解了农村、了解了自然、了解了农作物,培养了孩子热爱家乡的情感,也正是在培育一个有未来的乡村。

那如何开展社区儿童教育工作呢?

很多农村社区合作社已经开展了社区儿童教育的活动,积累了丰富的活动经验,而且是低成本、可复制的,其他合作社通过结合地方实际开创性地想办法,也一定能将社区儿童教育工作开展起来。

下面我们以蒲韩乡村社区的社区儿童教育工作为例,来总结如何开展社区儿童教育工作。

案例5:山西永济蒲韩乡村社区儿童教育[①]

(一)为什么要开展社区儿童教育

首先,大部分农村都存在隔代教育的问题。

因为现在农村大部分的年轻人都出去了,留下来带孩子的都是老年人。我举一个例子,我们家邻居两口子常年在广州打工,两个孩子留在家里由父母去带。他们家没有电脑,于是用我家的电脑让孩子和父母视频连线。孩子在电脑上一看见爸爸妈妈,就趴在电脑上亲。然后那个奶奶就坐在后面,一直给孩子说,"跟你妈要钱,咱们家没钱了。你每天放学回家要吃饼子加肉,要吃这个要吃那个的"。村里面没有幼儿园,他们家孩子在镇上的幼儿园上

[①] 这是山西永济蒲韩乡村社区的卫淑丰在农禾之家"合力计划·乡工"培训班上的发言。选入时有修改。

学,每天路过那个商店,孩子就要这要那,奶奶就给买。我就在想,这种教育理念下的孩子,长大后会是什么样的呢?

离我们这儿很近的一个乡镇就是栲栳镇,是我们永济每年外出开饭店人数最多的一个乡镇,他们也是最早出去打工的,就是在全国各地开店卖牛肉、饺子、刀削面等。村里面几乎看不到年轻人。当时我们去那边调研的时候,发现有好多家庭孩子上初中了,爷爷奶奶在家就管不住了,孩子父母只能从外地回来管孩子。我问怎么管不住了,有的爷爷奶奶就说:"那孩子现在我们没法管,也没法说,孩子上学就是要钱。要多了我们不给,不给孩子就说:'那是我爸妈给的,你咋不给我?我花我爸妈的钱又不花你的钱。'"爷爷奶奶没办法就只能给孩子钱,孩子要多少钱给多少钱,造成了孩子乱花钱的问题。

其次,农村和城里的孩子对自己周边的农作物有很多都不认识。

现在很多城里的孩子对一些最常见的农作物完全不了解,比如平时吃的大米,都不知道是什么农作物长出来的。有些孩子,你问他家里的西红柿是从哪儿长出来的,孩子很自信地说是从超市里面长出来的。不光是城里孩子,在村里也是这种情况,现在孩子少了,家里人都比较溺爱孩子,很少让孩子去地里面,也没有意识到应教育孩子去认识农作物。

最后,撤点并校让农村孩子产生一些心理上的问题,有很多孩子去城里上学了,却慢慢形成了一种自卑心理。

因为城里边大部分孩子都是可以回家的,也有家长接送,村里孩子只能在学校住宿,一周见不到家里人,心里有什么话想和父母沟通却没法倾诉,造成孩子心理上的自卑。同时,还会普遍地形成一种攀比的心理,别的孩子有什么,他也要有什么。一到周末就闹腾爷爷奶奶、爸爸妈妈,人家有什么他也要买什么,给家庭带来较大的经济压力。

因此,我们决定开展夏令营活动。开展夏令营活动的目标是什么呢?我们有这么一句话,要释放孩子的天性。我们通过夏令营活动,带孩子搞各种各样的户外活动,发现孩子的优秀品质。孩子其实有很多优秀品质,孩子一周都在学校里边,所以家长很难去发现。有时候家长即使是发现了,都会认为那是很正常的,也不会觉得孩子有多优秀。我们通过这个活动发现孩子这些优秀的品质,会把它们记录下来,然后和家长去沟通,希望我们和家长之间能够建立一个让孩子优秀品质持续放大的平台,继续去提升这些品质,这就是我们开展夏令营活动的目标。上述这些目标看似很平常,却是每个农村家庭实实在在的需求。外出的家长并非不想顾及孩子的全面发展,但迫于生计压力,长期照顾不了孩子,那就可能形成一个恶性循环。我们觉得社区合作组织应该担负起这份责任。

(二)每年夏令营活动是怎么做的

我们社区组织的夏令营活动,主要包括以下几个部分的活动内容。

1. 让孩子展示自己,增强孩子自信心

现在农村很多孩子比较自卑,缺乏展示自己的胆量。让他们站到台上去展示自己的作品,去汇报自己的观察计划,能够达到锻炼孩子的目的。我们在各个活动的设计环节也都有意识地让孩子有机会展示自己,比如让孩子在培养器皿中培育植物幼苗,并让他们记录植物生长全过程,还开展评比和展示,从而培养孩子认真、细致、富有责任心的品质,同时也能帮助其加深对植物生长的认识。

2. 通过户外活动增强孩子体能

我们在夏令营活动中常带着孩子去爬山。学校旁边的一座山,通过爬山拉练锻炼孩子体能,培养孩子的意志力。我们还会带着孩子去黄河边野餐,让孩子感受壮美的家乡,释放孩子的天性。在这样的户外活动中,我们邀请家长尽量参加,这样可以为亲子交流增加机会,让家长更多地了解和陪伴自己的孩子。

我们还会组织"农耕家园"活动,就是暑假里孩子一起去捡拾垃圾,并告诉孩子们塑料垃圾对环境的危害,这不仅是在培育孩子保护环境的自觉性,还可以慢慢带动整个村庄的环境保护行动。

3. 了解传统手工艺流程,传承家乡记忆

永济人杰地灵,有很深厚的历史积淀。乡村更是保留着大量传统技艺。但不少珍贵的家乡非物质文化遗产却在我们这一代慢慢消亡,这是很让人痛心的!我们把村里老人的剪纸作品放在教室里让孩子去观察,讨论这样的图案是怎么做出来的。之后,带着孩子去参观传统手工艺品的整个制作流程,让孩子了解身上穿的衣服是怎么做出来的,怎么用棉花纺成线、织成布,最后做成衣服。虽然很多传统手艺面临失传困境,但我们想通过这样的活动,帮助孩子同自己祖辈的经历和村庄的过去建立联系。

此外,我们还带孩子去认识昆虫,带着孩子去果园采摘,观察苹果是怎么挂在树上的,挂在树枝的哪一段;让他们去观察苹果哪块是红色的、哪块是绿色的,并思考为什么。还有一个活动就是让孩子自己动手去做菜。孩子分成小组,小组内部分工合作,有人择菜,有人洗菜,有人切菜,去尝试做各种各样的菜。他们还给自己的菜起了名字。这样的活动一方面是增强孩子的动手能力和自立能力;另一方面,更重要的,是让孩子形成一种全过程的生活经历。现代人的生活基本上是碎片化的,从超市里买食材或干脆直接叫外卖,不知道食物是怎么来的,也就很难意识到自己和自然的关系。

(三)儿童教育部门和联合社[①]内其他部门的关系

儿童教育部门和联合社内其他部门的关系是很紧密的。有机农业联合社推进的有机种植,让孩子能够从小认识到保护自然、保护土地的意义。

手工艺部门通过相关活动引导孩子亲身感受传统织布、剪纸这些手工艺的魅力,感受家乡的传统文化,培育对故乡的感情。

我们还将社区儿童教育活动与居家养老服务相连接。夏令营期间以及每周六,我们带着孩子和老人们互动。老人会教孩子们童谣,教他们捏花馍、剪纸。这也体现了综合化社区服务可以相互发生联系。如果没有社区合作社,这样的活动也就很难开展起来。

所以,希望我们大家能够一起动起来,让我们一起来关注、关心、关爱我们身边的孩子,让他们能够更健康地成长。

[①] 山西永济市蒲州镇农民协会(注册为永济市蒲韩种植专业合作联合社)有着20余年的发展历程,目前为周边数千农户提供生活和生产方面的服务。

第四节 社区养老 以人为本

(一)乡村老人的现状

根据第七次全国人口普查数据,乡村60岁、65岁及以上老人的比重分别为23.81%、17.72%,比城镇分别高出7.99、6.61个百分点。而各地社会养老服务设施主要集中在城市,对农村社会养老服务设施建设力度不够,现有养老服务设施难以满足农村养老需求。大多数农村现有养老服务设施受制于国家政策,只面向"五保户"及"三无"人员,不向普通农村老年人开放。[①]随着农村收入水平的提升,基于社区养老的农村养老市场,也将具备较大的市场空间。而农民合作社在这方面有着独特的优势。

虽然我国逐渐完善了农村养老保障体系,但农民养老防老的基本格局没有改变。由于国家范围的保障体系尚难以支撑农民养老问题,村级社区又缺乏互助性的养老保障设置,老人不得不很辛苦地干农活,一直干到干不动为止。农村老人一旦生大病就成为家庭的负担。此外,传统乡村对不孝顺儿孙的伦理观念约束力也在逐渐下降,加上年轻人都外出打工,很多老人的晚年生活孤苦惨淡,生活上没有人照顾。

有好的空气和自然环境,有原本熟悉的乡民陪伴,能获得认可与尊重,乡村本应该成为养老的天堂。城市的老人选择去养老院,乡村如果有条件可以开展社区养老服务,使得老人不离故土,就可以颐养天年。乡村的老人能够"老有所养,老有所医,老有所为,老有所学,老有所乐",这才是可持续、有生机的乡村。因此,合作社不应该忽视这样一个亟需社会关注的老年群体。

(二)合作社如何开展社区养老

合作社是农村的互助组织,有关心社区的使命。农村有什么样的问题和需求,就可以开展什么样的服务。有人认为合作社的主要目标是发展经济,而不是开展一系列不可能创收的业务。但乡村有其特殊之处,可以实现经济

---

① 丁建定主编《中国养老服务发展研究报告(2018)》,华中科技大学出版社,2018,第189页。

增长和社区服务平衡发展：一方面，在合作社有经济盈余之后，适当地开展公益活动，可以提高合作社在村庄的影响力，夯实群众基础；另一方面，可以结合老人需要有人赡养的需求，利用村庄闲散的中青年劳动力资源，开发一个可持续发展的项目。

实际上，社区合作组织可以尝试利用"时间银行"概念，鼓励年纪小些的老年人照顾"老老人"，并经由合作社获得相应积分，在自己年老时可以享受自己的劳动积分，获得低价养老服务。

山西永济的社区居家养老已经成为合作社里一项独立运转的项目。河南信阳郝堂也通过内置金融的手段，一方面解决了老人经济独立的问题，另一方面也非常便利地满足了社区的贷款需求，可谓一举两得。

案例6：山西永济蒲韩乡村社区把居家养老变成合作社可持续发展项目[①]

大家都知道，蒲韩社区的活动是从组织妇女跳舞开始的。起初，有一些妇女不敢跳舞，还说风凉话。到现在，妇女都认识到跳舞的好处并且愿意参加活动，每个村的妇女委员都会组织妇女跳舞。我们发现每个村都有几个残疾人和高龄老人，她们的子女不在家。有位52岁的妇女，她患类风湿病26年，现在是瘫痪卧床不起。家里有四口人，女儿在上大学。丈夫想出去务工，但没有人照顾他的妻子。家里还有一位老人，我们想接老人到我们那里住，说什么老人也不愿意。还有一些老人觉得自己年龄大了，什么都干不了了，活着还不如死了，失去了精神支柱。

之后，我们开始在联合社覆盖的43个村，开展一对一的上门服务。在我们跳舞队中选出有意愿为老人服务的妇女，到老人家里给老人做饭、洗衣服、打扫卫生、陪她们聊天。

我们在寨子村，针对75岁以上的老人，和他们子女沟通，让老人集中在

[①] 永济蒲韩乡村社区负责人任淑列在2013年全国农民合作社论坛的发言。选入时有修改。

一起吃饭,一个月交150块钱。为了让老人不出村实现互助养老,我们找到村里一个空置房子,可以容纳10~15人。老人们在一起,还可以进行一些简单的锻炼,你给我揉揉肩,我给你捶捶背,唱小时候唱的童谣;有的老人不会唱,其他老人就教他,他们这样过得很开心。

我们借助社区内部的互助网络,动员全村的妇女,给老人们每个月义务做一顿饭,现在我们有固定的60人做义工。她们给老人做饭的时候,也会把自己家里好吃的拿来,跟大家分享。这些妇女不仅仅做饭,还会在饭后与老人聊天,向老人请教种植庄稼的技术,请教怎么做小孩衣服。有一个妇女说:"你看老人在这里多开心,我婆婆内向,我回去跟我婆婆说,让她也来。"到第二天,她的婆婆果然也来了。能够把社区老年食堂办起来,也是因为蒲韩社区20多年的社区活动和服务打下了基础。

当然,这些老人聚集在一起,不可避免说闲话、闹矛盾。我们会根据老人的兴趣爱好开展不同的活动,尽可能去引导老人们的关注点。有的老人喜欢剪纸、画画,有的人喜欢纺布,有的喜欢听戏,我们就因人而异,为他们提供不同的活动,让他们每天都有事做。社区养老中心要办好,要有制度和良好的氛围,比如要求不准说长道短,不能说子女不好。我们也会让子女参与养老院的工作,成为护工志愿者,从而建立信任关系。

我们还会组织社区老人和孩子互动。孩子们会对老人的剪纸感兴趣,老人就会给他们讲:"这是一朵牡丹花,两边是蝴蝶,整体看上去是一朵石榴花,中间是一个双'喜'字,编成谚语就是'三月牡丹迎春开,对对蝴蝶飞上来,石榴开花红似火,家家喜事都有我'。"现在的孩子哪里听到过这些,都很开心,说"奶奶,我也想剪纸,您教我剪纸"。于是,老年人们又重新找到自己的价值。老人是社区的"宝贝",他们了解社区的历史与传统技艺,社区组织有责任让这些知识和技能传承下去。

我们老年食堂也是自我管理的。老年人有时候自己会发现一些新的活动。比如有些老人闲不住,看见院子里有闲置的地方就自己种菜,自己种自己管理。他们说我们自己种的菜,吃起来更放心。每天吃什么也是商量着来。我们根据老人的喜好，每天变着花样做给他们吃。例如，老人在一起就商量，今天打算吃菜饺子，就一起弄菜，一起包。一边包，还一边唱歌。

有一位老人说："我在这里希望能为大家做点什么，我眼睛虽然不好了，可我比这位大姐还强些，我还能看见。这位大姐一点都看不见了，那我负责搀她。"她就告诉那位大姐，你要上厕所喊我一声。这位老人很负责任，她们相处得就像亲姐妹一样。

养老中心每月15日组织村医给老人体检，掌握老人的身体状况，避免乱用药。每月5日，养老中心把老人一个月的生活、身体状况等在养老中心的情况与他们的子女交流。村里一些人对养老中心也会有质疑，解决办法是公开账目，让村民自己算明白账。

总的来说，当下农村社区对养老服务是有很大需求的，社区养老中心提供了一种让留守老人不离开自己熟悉的环境且低成本养老的方式，同时也拓展了社区合作组织发挥作用的空间。

案例7：永和镇项家村自治组织社会救助工作——记绍兴市上虞区永和镇乐和公益互助中心[①]

（一）乡村背景

永和镇项家村，位于浙江省绍兴市上虞区东部边缘，地处四明山北麓，是依山傍水的自然村落，有225户人家，常住在村的约200户人家，人口约680人，其中60周岁以上老人191人，约占28.1%。该村距离周边市区约30分钟左右车程。

该村普通家庭的主要经济收入来源为外出务工，其中外出务工，男子以进工地或工厂（干体力活儿）为主，妇女以进工厂为主，以传统的农业经济收

---

① 2016年，"乐和家园"项目落户永和镇项家村，项家村成为浙江省首个试点村。"乐和家园"项目以"一站两会四公六艺"的模式服务乡村，招募大学生社工成立工作站，成立社区组织的互助会和作为村庄公共议事机制的联席会，建立公共基金、开展公共活动、处理公共事务、发展公共经济的"四共"事务，开展耕、读、居、养、礼、乐六个方面的村民活动和社区服务。

入为辅,属于典型的江南农村经济收入结构。同时,该村独生子女也比较多,对于每个家庭而言,经济压力和赡养老人的压力都比较大。

该村绝大多数家庭都是普通收入家庭,但还有极少一部分家庭是高收入家庭,其中有一户高收入家庭有些外部资源可用,其愿意反哺家乡,惠及乡里。

(二)面临的问题

村民面临的问题主要是看病花销大的经济问题。

该村很多成年男子都是泥工、木工等技术工种,工作风险高,而且一般只有农村医疗保险,有的家庭主要劳动力因各种意外情况,造成看病花销很大;有的因身体不好或受伤等原因直接导致丧失劳动能力赋闲在家,失去经济来源;有的家中老人需要看病,会花费家中大量钱财……这些都可能致使一个家庭变得很困难。

在该村,每年都有十余户家庭或多或少会发生比较严重的意外情况导致巨额医疗支出,极有可能拖垮一个本来幸福美满的家庭。

(三)介入

1.介入策略(表5-1)

首先,和村委一起广泛宣导理念,由村民推举出当地有威望、有公益心、有时间为村子做点事情的党员干部以及乡贤村民等,由这些骨干组成该村的自治组织——项家村互助会。再以村民自治为方向,以邻里互助、自助为基础,通过共同协商、集体决策,由自治组织推动全体村民参与社区公共建设,共同募捐成立项家村慈善基金,共同制定标准,救助村内大病患者和丧失劳动力的家庭,救助资金和流程受互助会共同监督,账目实行全村公示。

表5-1 社区服务介入策略

价值理念取向	社工角色	介入策略
生态系统理论	组织者、协调者、资源连接者	乡村的发展很多时候缺少一个牵头的人或者组织,同时也缺乏能够将这些本村内部资源进行挖掘和连接的人,应有效整合资源,推进整个乡村社区发展

续表

价值理念取向	社工角色	介入策略
能力/优势视角	同行者、陪伴者	要让当地村民看到自己的能力和优势,发挥当地村民的作用,增强全体村民的参与意识,共同建设乡村
增权的理念	赋能者、意识觉醒者	对自治组织成员和村民赋能,增强村民的互帮互助意识

2.介入步骤

(1)建立联系进行宣导

首先,要处理好与当地行政相关人员的关系。先是将项目的理念、工作方法和目标通过开宣导会的形式介绍给乡镇和村"两委"干部,同时邀请乡镇和村"两委"干部到已经成熟的项目点考察参观。

其次,社工每天定期入村走访,了解乡村现状和村民生活方式,同时也大致向村民介绍社工进入乡村是来做什么的,形成初步印象,多露脸,增进与村民之间的感情。

最后,联合村委召集村民开宣导会,把村民集合到一起,通过PPT、图片展览、口述故事、邀请村"两委"干部讲述成熟项目的所见所闻,帮助更多的村民了解我们的项目旨在协助他们共同建设、发展他们自己的乡村,让他们能够自愿参与进来。与村委联合召开宣导会的优势在于可以借助基层村委的公信力,快速与大部分村民建立信任关系。

(2)村民推举建立自治组织

首先,该村之前的组织只有村委会,但是村委会因为基层事情非常多而杂,无暇他顾,这时候就需要乡村内部的自治组织来解决村民的一些问题,同时这些自治组织成员又是村民共同推选出来的,相比于村委会,村民能够更加相信这些自治成员。

其次,项家村分为大、小项家两个自然村落,为了方便村民听讲,所以我们分别入村,分两次做了宣导,小项家村没有公共场地,就借用了一户村民家的院子开宣导会。在每场宣导会上让村民当场推选出十余位代表全体村民的自治组织成员,大项家村12名,小项家村11名,23名成员共同组成项家村互助会(后文简称"互助会"),并且这些成员都是村内有威望的退休干部、老师或乡贤等,都是有能力胜任的。同时,互助会设立一系列自我人员更新制度,也是由互助会自己讨论,这里不一一展开。

最后,在一个组织中,找到一部分领军人物是极其有必要的,所以又由互助会成员推举出7位理事会成员,他们是所有村民公认最有影响力和号召力的7个人,负责村中日常事务的处理,如遇到涉及全村利益的大事,先由他们讨论方案,再召集全体互助会成员开会讨论。这样一方面可以提高效率,避免互助会20余人反复讨论;另一方面,这7位成员都具有比较高的公信力,而且他们都有实实在在为村子做事的心,他们的决定其他成员也会很支持。

(3)具体行动步骤(见表5-2)

表5-2 具体行动步骤

步骤	目的/内容	方法/成果
第一步	调研评估当地需求和设立村慈善基金的各种资源和可行性	观察法、入户访谈,评估设立项家村慈善基金的意义和需求
第二步	社工准备小组会议的主题、目标、流程以及草拟的方案	本次会议拟采用座谈会公开讨论形式,由社工担任主持人
第三步	2016年8月16日晚,在社工站举办大、小项家村慈善基金筹备讨论会	社工充当引导者的角色,通过提出问题的方式,引导互助会对项家村生病家庭帮扶问题形成思考,再提出大致草拟的方案,最终成功签署了村基金筹备书
第四步	2016年8月22日,通过村内高收入家庭的关系,争取外部资金为项家村慈善基金兜底	找出能够对接到的有效资源,通过沟通和协调,帮助服务对象获得外部资金的帮助
第五步	2016年9月9日,由互助会开会通过确定慈善基金管理机构为理事会,策划设立仪式流程	社工把"谁能更好地负责村慈善基金日常管理运营"的问题抛给互助会,协助其自我思考和自我决策,同时也协助互助会去做一些组织和策划活动,通过锻炼,为服务者赋能
第六步	2016年9月15日,由互助会发起在新村委办公地址举行大、小项家慈善基金设立仪式和全村募捐	社工作为旁观者、陪同者和记录者,同时协助互助会成员解决一些突发事件

续表

步骤	目的/内容	方法/成果
第七步	2016年10月5日,互助会根据现有资金量因地制宜对项家村慈善基金的救助标准和救助范围进行合理化修改	入户访谈,了解互助会成员和村民意见,查找文献资料,对比类似基金的标准,再结合项家村所有村民意见确定最终方案
第八步	2017年2月7日,互助会开会商讨全村村民大会方案和流程	将完善后的村慈善基金使用办法向全体村民公布
第九步	2017年2月17日,互助会召开全村村民大会,汇报工作	通过全村村民大会,正式向村民公布了项家村慈善基金对于大病患者、丧失劳动力家庭救助的标准和方案,获得村民认可
第十步	2017年5月17日,收到第一份村民申请救助,并且经过核实,情况属实,理事会通过并完成救助	需要建立起完整的资料档案和流程,包括村民救助申请表、大病家庭情况调查表、理事会确认签字表、救助金补助回执、全村慈善基金使用公示等
第十一步	对是否解决问题进行综合评估、总结	对互助会和被帮助村民进行访谈或问卷调查,收集村民意见,再针对不足之处进行调整
第十二步	观察项家村慈善基金后续运营情况	运营良好,持续至今

(四)介入工作的困难和反思经验

第一,信任是个大问题。社工初来乍到,当地的政府部门、基层村委和村民都不了解社工,尤其是农村更甚。要解决的是双方的信任问题,只有双方都有了信任,一切工作才能顺利开展。很重要的一点是赢得政府和基层干部的信任,有了基层干部的支持,然后再入户调研,可以更快建立信任感,这样事半功倍。一开始,由于村民都没有听过"社工"这个概念,会误以为是搞传销的,这时候有村委支持就很重要,之后再慢慢与村民沟通我们社工的理念。

第二,互助会制度的建立健全。因为我们比较匆忙地建立互助会,而且是由村民推选出代表直接成立,我们没有更多时间进一步了解成员情况。这时候建立一套关于互助会自我管理的制度,包括开会制度、吸收新成员制度等,明确互助会的使命和目标等尤为重要。

第三,确定自治组织领头人物。在实际工作中,我们发现农村村民是很松散的,包括互助会,相比于其他专业性非常强的组织,也显得很松散。所以挖掘出组织中公认的领头人物,社工建立起和他们的良好关系,协助他们去带动互助会成员影响全村,服务乡村,效果通常会比较好。

第四,担心慈善基金不能设立和运营。我们也是第一次入村,第一次协助村民建立互助会,再引导村民设立项家村慈善基金,这些都是第一次。尽管前面每个步骤都做了,但是不免还是会担忧,但结果却异常顺利。所以有时候不用过多害怕结果会怎么样,去做就好了。而且发动互助会去设立运营慈善基金的项目和我们自己提倡效果是完全不同的,他们号召力更强。

第五,多听取各方意见。社工在每个步骤中,都应该及时反馈调研相关方的意见和建议,做好及时沟通总结,了解村民意愿,而不是想当然地去做,这样会犯固定思维的错误。同时,社工也得有自己的底线和清晰的思路,听取相关方意见时,不能人云亦云,应该取其精华、弃其糟粕。

(五)项家村慈善基金救助成果

对项家村丧失主要劳动力和大病家庭进行的补助,实实在在帮助到了困难的家庭,反响较好,明显改善了困难家庭的情况(见表5-3至表5-5)。

表5-3 项家村慈善基金2016—2021年村民募捐情况统计表

	2016年	2017年	2018年	2019年	2020年	2021年	备注
参与户数(户)	177	183	193	185	182	186	项家村常住人家约200户
募捐金额(元)	33770	29480	32800	34850	45200	42600	
六年合计(元)	218700						

表5-4 项家村慈善基金2017—2021年丧失劳动力困难家庭救助情况表

	2017年	2018年	2019年	2020年	2021年
救助户数(户)	7	7	5	2	2
救助金额(元)	56400	48000	28800	12000	14400
五年合计(元)	159600				

表5-5 项家村慈善基金2017—2021年大病救助情况统计表

	2017年	2018年	2019年	2020年	2021年
大病户数(户)	5	22	22	20	15
支出金额(元)	21720	73194	53431	37877	37965
五年合计(元)	224187			

第五节 环境友好 村容整洁

2018年6月16日,《中共中央 国务院关于全面加强生态环境保护 坚决打好污染防治攻坚战的意见》提出,以建设美丽宜居村庄为导向,持续开展农村人居环境整治行动,实现全国行政村环境整治全覆盖;2018年9月,中共中央、国务院印发《乡村振兴战略规划(2018—2022年)》,明确提出"以建设美丽宜居村庄为导向,以农村垃圾、污水治理和村容村貌提升为主攻方向,开展农村人居环境整治行动,全面提升农村人居环境质量";2018年11月6日,生态环境部、农业农村部《关于印发农业农村污染治理攻坚战行动计划的通知》明确提出,"加快推进农村生活垃圾污水治理""治理农村生活垃圾和污水,实现村庄环境干净整洁有序"。

与农村人居环境整治问题上升为全面建设社会主义现代化国家进程中党和政府必须解决的重大现实问题相对,当前我国村容整治、环保设施建设普遍存在治理资金缺口大、建设和运维经费来源渠道单一、村民环保意识薄弱、主体地位缺失等问题。一些村民甚至认为,农村环保设施项目是政府花冤枉钱,搞政绩工程。政府干、村民看的现象较为普遍[①]。

山川秀美的乡村原本是人们向往的世外桃源,传统农村原本是种养循环,很少产生不可回收垃圾的。农民的生活方式中产生的厨余生活垃圾皆可

---

① 赵晓丽、韦艳梅、唐勇主编《生态宜居乡村建设与农村人居环境整治》,中国农业科学技术出版社,2020,第69页。

堆肥还田。但是近年来，随着工业加工产品进入乡村，产生了大量塑料外包装、玻璃瓶子等垃圾。再加上乡村生活效仿城市生活方式，比如使用抽水马桶排出污水，以及家用生活污水在没有整体规划和处理的情况下大量排进房前屋后、土地河流，不仅影响了环境，同时存在潜在的对地下水污染的风险，影响农村居民的健康。因此，我们看到一些乡村虽然家家户户盖起了新房，但公共的村庄道路和河流却到处可见生活垃圾。

同时，在城乡互动中，人员、要素加速流动，大量市民希望在农村体验田园生活，因此应当认识到生态环境也是生产力，"绿水青山就是金山银山"。浙江省湖州市安吉县鲁家村引入外来公司，组建安吉鲁家乡土旅游公司，启动了全国首个家庭农场集聚区和示范区建设，打造"有农有牧，有景有致，有山有水，各具特色"的美丽乡村田园综合体；山东省淄博市博山区池上镇中郝峪村将全村山林、土地、房屋、农田承包权等以经营权入股的形式成立了淄博博山幽幽谷旅游开发有限公司，把乡村旅游作为美丽乡村建设的主导产业，获得首批"全国休闲农业与乡村旅游示范点""中国乡村旅游模范村"等称号。[①]这样切实将"绿水青山"变为"金山银山"的案例不胜枚举。但有的读者会说，这些村子大都天生丽质，又有相当多的各界投入，中西部没啥特色的一般村子，怎么能弄好村容村貌呢？

确实，全国不可能每个村子都成为"鲁家村"，在中西部省份，县域财政还比较吃紧的情况下，有没有可能低成本、可持续地建设属于老百姓自己的"美丽家园"呢？这个时候农民合作社的力量就可以发挥出来了。因为我们知道，在没有什么外界资源的情况下，"为着共同目标组织起来本身就是一种资源"[②]。从根本上讲，喝着被污水污染的地下水、吃着被农药渗透土地里的粮食、每天生活在垃圾包围的村庄，全体村民都是受害者。而建设美好宜人的环境，全体村民是最大的受益者。

---

① 《2021年中央一号文件提出全面推进乡村振兴！这十个案例可以借鉴！》，https://www.163.com/dy/article/G3NBLS910519D9DS.html，访问日期：2022年12月8日。

② 吕程平、温铁军、王少锐：《深度贫困地区农村改革探索：大宁实践》，社会科学文献出版社，2020，第260页。

这个道理很简单,但是要从"环境脏乱差"的状况发展到环境优美,却不可能自然而然发生。在没有外界支持的情况下,必须依靠社区内部的自我组织去实现。让我们来看看山西永济蒲韩乡村社区是怎么做到的。

案例8:环境是我们自己的①

(一)清扫垃圾的起因

我们自2004年开始组织妇女跳舞,大家舞跳得还不错。有一次谢丽华老师来到我们村子,说我们舞跳得那么好,但村里垃圾没处理好,我当时就觉得脸红。过去人们习惯了把垃圾放在家门口或村头。谢老师走后,我们组织妇女参加义务劳动把全村的垃圾清理了,村里变得非常干净。我们从那时自发开展了"生态家园"活动,就是动员村民收拾、清理自家产生的垃圾。

(二)垃圾是我们自己产生的

2006年,社会主义新农村建设开始,由于有经费支持,村"两委"开始组织村民清扫村里的垃圾,"生态家园"活动就暂停了。往往是上面来检查,村干部就赶紧组织人员清扫一次……到了2010年的时候,村里又是脏得实在不成样子。合作社于是再次动员村民自己动手,清理了半个月。一位村干部问我,你们原来"生态家园"项目花了多少钱。我说都是义务劳动,但把堆放的垃圾运走需要运费,一年只要花1300元钱。

之后,我们又开始组织联合社"生态家园"的人员去清扫垃圾。我们规定每家收一元钱垃圾清理费,当时我们村有204户,我们的工作人员分成几个组去村民家里收钱。当时一位村民小组组长很不理解,干吗要费这么大劲来收一元钱。我说这个环境卫生是大家的,让掏这一元钱不是目的,就是让大家知道环境卫生需要大家一起来做。实际上工作人员去每家每户收钱的过程也是向村民宣传、动员的过程。

工作人员收这一元钱清理费时,会告诉村民:家里的垃圾要分成三类,我们才会收。这样垃圾从根源上就进行了分类。事实上,分类出来的垃圾80%

---

① 摘自蒲韩乡村社区的理事长郑冰在全国农民合作社论坛上的讲话。

不是垃圾,是宝贝。比如餐余垃圾可以送到生态种植的地里作为堆肥原料。由于有社区合作组织具有多种功能,所以低成本清理垃圾成为可能。

我们每户每个月收一元钱,他们只需要把垃圾放在家门口的垃圾筐内或垃圾桶内。每周六集中运一次垃圾,雇车运走。一开始有的不给钱,说他家没有垃圾。但随着时间的推移,后来他们理解了,也就慢慢交钱了。有的村民说应该村委会出钱,我们说垃圾是村委会产生的吗?他们现在都交钱了。

(三)借"收垃圾"锻炼年轻人,加强与村民的联系

我们从收垃圾这种大家不太关注的小事情入手,反倒是锻炼了一帮年轻人。2011年蒲韩社区覆盖23个村,我们派23个年轻人,一人包一个村,挨家挨户去收钱。一开始年轻人都排斥这件事,说自己都能把这钱掏了。我们就开会讨论这事,讲明为什么收这个钱,应该怎样推动家庭垃圾分类,怎么让大家达成共识。

收垃圾费这样的小事,也把年轻人的工作能力提升上来了,他们学会了如何与农户沟通,如何与村委会沟通。做社区工作就是要不怕麻烦,是在反复磨砺中成长。我们组织大家相互学习,谁做得好我们就组织到他那儿学习。这些年轻人,有受了委屈回来哭的,这对年轻人是巨大的历练。要面对面和农户沟通,100户有100户不同的状态,一进门有些人给倒水喝;有些人说"你活该给我拉",这里可以看到人生百态,这对年轻人的协调沟通能力是个很大的考验。年轻人说能不能一次收一年的费用,我说不行。我们规定一个月收一次,这样我们就有和农户面对面沟通的机会。我们就是需要和农户沟通聊天的机会,用实际行动打动他。他们中间也有质疑的,我告诉他们通过收垃圾这件事可以完成更重要的事情——收集农户的真实信息,一个月去农户家里一次,就会非常清楚他家的生产生活情况。之后就可以梳理他的需求,增强合作社其他业务的针对性。通过这样的锻炼,年轻人成长得特别快。因此,通过为社区服务、清运垃圾这样的活动,联合社不仅让更多农户加深了对我们的信任和了解,也让年轻的工作人员掌握了和农户沟通、做群众工作的技巧。

农村是一个广阔天地,有无限的空间。

案例9：贵州山村抱团用"老种子"闯出脱贫"新路子"——贵州有牛复古农业专业合作社[①]

（一）概况

尚重镇洋洞村，是贵州省黎平县位于黔、湘、桂三省（区）交界的一个侗族村寨，距黎平县城约100千米。全村土地总面积3.75万亩，耕地6000亩，人口1400余户5000余人，自古以来当地的侗族先民们以农耕为生。生活在这片土地上的农民，最大的愿望就是脱离贫困。几十年来，先后种植过从外面引进的许多品种：有的是水土不服没有直接产出；有的因为投资能力和管理水平有限得不到高产量和好品质；有的有了产量，市场却已经饱和，产品销售不出去。反正结果都是一样：没搞头！洋洞这样的山村是贵州典型的边远贫困山村的代表。在当地政府的领导和支持下，洋洞的"贵州有牛复古农业专业合作社"这几年得到大力发展，其中"牛耕部落""有牛哥""有牛米"名气越来越大。2019年，"牛耕部落"党总支获得"贵州省先进党支部"称号。

（二）抱团用"老种子"来闯脱贫"新路子"

1. 缘起

2010年，当地干部杨正熙喝到了一种很好喝的酒，这种酒是用特殊的米酿造的，叫"高秆小麻红"。一打听才知道种这种稻米的村民去世了，所以这个品种的酒就没有了。这个事情，给了杨正熙很大的触动。他想把这些当地的特色产品传承下去，把好东西留给后代。因此，杨正熙决定开始搜集、保存当地一些正在消失的农业物种。到2015年，搜集到地方农作物种子750多份，有160多个品种。

2. 契机

在搜集保护农业物种的过程中，杨正熙发现洋洞村由于地理环境的限制，梯田难以开展大规模的机械化耕作，产量上不去，这是导致当地贫困的重要原因。只有做高端农业才能有出路。杨正熙在搜集的这些品种里，试图寻

[①] 案例由倪永旺、杨正熙撰写。倪永旺，贵州雷山慢友生态家庭农场的主理人助理。

找一个适合当地耕作特点,并且能符合市场需要的稻种来进行重新种植,拿到市场上销售。

2014年,有一个紫黑色稻米品种,被他发现(这个品种被独家传种几十年,因这家人老母亲去世,准备不再种了)。这种米有异香,煮熟后饭如胭脂。他想既然是老品种,就应该用老方法来耕作,才能保障好品质。杨正熙用"牛+鱼+鸭"传统水稻种植方式种植,不打农药,不施化肥,碾出来的米取名为"有牛米",检测结果显示质量指标极好,当年4万斤"有牛米"被抢购一空。

3.合作社运营

2015年,杨正熙倡导推动成立了村民入股、集体分红的"贵州有牛复古农业专业合作社"。865户农户申请加入,规模扩大了,为了确保生产质量,合作社联合寨里德高望重的老人起草民俗约法侗款《守农有牛生产律》,并召集会议通过执行:社员喂养耕牛,采用耕牛犁耙,田地施牛草粪、绿肥和打秧青,稻田放养鱼鸭除草和防治病虫害,社员以自家耕牛、土地和家族荣誉作担保纳入"守农有牛生产律"诚信平台,引导全体社员自觉遵守。如有违反《守农有牛生产律》者,罚300斤米、300斤酒、300斤肉,开除社籍、取消积分、扣连带人积分。有了合作社,有了条约规定,有了村民们的热情,当年收获了40万斤紫米。

(1)"三净"创建行动

一开始因为没有推广、没有渠道,种出来的紫米根本卖不出去。合作社为了打开市场,杨正熙等人跑到北京、上海、广州、武汉去推销,到各种展销会上卖力宣传。

合作社在洋洞全域范围内发起净水土、净塑、净心"三净"创建行动,并纳入村规民约约束,提升"牛耕部落"有机小镇的软硬件环境。一是"净水土",改良产品种植地水土质量。即全村禁止使用任何化肥、农药、除草剂、植物生长调节剂,全村各户在家劳动力均自觉参与河道、沟塘垃圾清理工作,恢复河流、沟塘清洁环境。合作社还规定所有耕地必须使用牛粪发酵的有机肥及县农业农村局推荐的有机肥,确保全域有机产品种植水土环境达标。2021年,在洋洞及周边村寨发展有机稻谷种植8750亩和蔬菜种植1600亩,同步推进有机种植产业与高端旅游业共同发展的"农文旅"一体化产业,实现产业效益最大化,带领洋洞片区322户贫困户,户均增收1.5万元,最终用"老种子"实现稳定脱贫。二是"净塑",从源头治理农村卫生环境。即引导全体村民减少塑料制品的使用,从源头上减少塑料制品使用及垃圾的产生。自2017年以来,在当地政府推动下,南京清泉有机生活中心有关人士、上海自然之友环保专家沈亦可先生等志愿者组成的"义工"队,进村入户宣传环保理念,与全体村民共同开展"农村清洁风暴行动",传授环保酵素制作技法,使陈年垃圾得到及时清理,村民群众乱扔乱倒垃圾的习惯得到及时纠正,村寨环境焕然一新。三是"净心",促进村民素质提升。借助村校教室,开办"乡村耕读夜校",请到有机领域知名专家、学者近百人到"乡村耕读夜校"讲授有机生活、生态环保、生产技术、安心工程、幼教培训、国学教育等内容,受训群众达2000余人次,极大地转变了村民思想观念,提升了全体村民对生态有机农业的认识。

(2)搭建宣传平台

合作社注册"牛耕部落""有牛哥"等商标,搭建"千牛同耕""开山节"活动宣传平台和"牛棚客栈见证农业"平台。确定每年"小满"节气为"千牛同耕"节,2017年起,连续五年成功举办洋洞"千牛同耕"活动,吸引全国各大媒体前来报道,扩大影响力,提高知名度。同时,在有机农产品种植基地新建小吊脚楼式"旅居小木屋"("牛棚客栈"),让消费者到农产品生产现场见证和参与耕种活动。以"洋洞牛耕部落生态农业示范园区"获批为省级现代高效农业示范园区为契机,合作社率先启动有机产品认证示范基地建设,打造世界"最后的牛耕部落"。尚重有机小镇2000亩有机水稻认证通过,已经获得有机证书,提升了产品信任度和知名度。

(3)组建青年返乡"抱团创业团队"

2017年初,"有牛哥"约上在镇农技站工作的同乡杨通胜(后来被称为"牛耕部落酋长"),一起申请回家乡驻村扶贫。在有牛哥和酋长的影响下,在县城做服装厂的杨豪、在深圳某知名IT企业上班的杨正伟、在广州某企业从事财务管理的杨文林等一批青年,返乡组建"抱团创业团队"。他们创建了6个"微信群",要求每户至少有一个人在微信群里,以"爱故乡"为主题,让青年带头支持"洋洞有机小镇"建设。通过微信群宣传讲解生态乡村建设、有机农业、环境保护、诚信经营等的意义和价值,请志愿者在群里给村民讲授知识、技术。

(4)保证有质量的"土地"

洋洞全村范围内农业和林业用地3.35万亩全部参股,土地承包经营权不变,但按合作社对社员的要求,保证土地不再受任何污染。不遗漏任何一片地块,确保水土"质量",确保生产规模。

(5)"牛棚客栈":"认证"不如"见证"

为能在现场接待消费者和销售者前来"见证",2017年,合作社在梯田上建成能让销售商和消费者到现场食宿的"见证"接待中心"牛棚客栈",邀请销售商和消费者前来实地"见证",让销售商和消费者都成为"见证人",从而带动销售,并吸引来更多的"见证人"。"见证"也成为合作社力推的销售手段,"有牛"农产品销售取得实效。

到2017年4月,洋洞村所有农户共1397户全部加入合作社,全村范围内的土地都参股到合作社中,开启洋洞集体化产业发展之路。到2018年4月,合作社已经建成厂房1200平方米的大米加工生产线。

(三)乡村振兴进行时

近几年,在东西部协作"产业帮扶"项目的支持下,合作社参与黎平县尚重镇"牛耕部落——洋洞有机小镇"建设,经过不懈努力、艰苦奋斗、创新发展,连续成功举办五届"千牛同耕"节,使"牛耕部落"品牌知名度得到大大提升,获得了市场认可。2021年6月,华宇信德(北京)资产评估机构对我社注册的"牛耕部落"商标16大类150个产品商标进行价值评估,总价值为1826.96万元。

2021年,"牛耕部落"通过有机认证的水稻种植2000亩。通过合作社销售"牛耕部落有牛米"80万斤,收入1324万元;带动当地村民(社员)自销和新村民("见证人"游客)助销稻米,销售收入达1860万元;带动当地村民(社员)自产自销生姜、红薯、黄豆等农产品,销售收入达480万元;"见证"农业旅游人数1.2万人,旅游收入为1596万元。"牛耕部落"品牌年带动总收入5260万元。合作社带动"在家"劳务就业800余人,人均收入4万元;解决"返乡"创业24人,人均收入5万元。经过合作社的7年经营,洋洞村逐步恢复了牛、稻、鱼、鸭共生共养的循环生态农业模式,让青山绿水重新焕发了勃勃生机。

案例10:河南信阳郝堂村的美丽乡村行动

河南省信阳市平桥区郝堂村在外部志愿者的配合下,开展美丽乡村行动。村里给每家每户发了两个桶,垃圾进行干湿分离。开始也有村民不肯搞垃圾分类,志愿者就给他院子周围种上花,去他家房前屋后画画,第二天垃圾就不见了。志愿者们还跟村里的学校结合,联合行动,开展"小手拉大手"活动,四五年级的孩子们被请出来当卫生评比员,挨家挨户检查卫生。孩子们一丝不苟,又不讲情面。一趟走个十几里也不觉得累。卫生差的人家自己觉得丢脸,卫生好的人家就发脸盆、床单作为奖励。就这样,不仅家里干净了,河沟里的垃圾都被捡完了。这个小小的村落也找回了流水清清。

郝堂村美丽乡村"三字经"

新农村,先规划。村成团,好格局。人抱团,气象新。钱互助,家兴盛。
拒标语,墙洁净。讲卫生,家和谐。有垃圾,要分类。村如家,要勤扫。
路要直,河要弯。街要宽,路牌清。护古树,好乘凉。村有桥,步步高。
庭院花,人更美。坡有林,堰有鱼。山禁伐,林木盛。鸟回村,喜事来。
田集中,高效率。果成片,高效益。水静养,莫排污。庄稼好,燕儿伴。
马路边,禁修房。少围墙,多安全。砂石路,脚感好。房有檐,家干燥。
房无沟,寒潮重。贴瓷砖,不透气。清水墙,宜健康。白玻璃,明又亮。
禁农药,人有益。拒毒剂,积善缘。减化肥,粮价高。环境好,万物欣。

案例11：大宁县欣达脱贫攻坚造林专业合作社

山西省临汾市大宁县在脱贫攻坚期间，勇于突破利益固化藩篱，将之前由造林公司招投标开展的造林工程交由以建档立卡贫困户为主体的脱贫攻坚合作社，并配以成林验收、分阶段付款等办法，2016年以来，全县完成购买式造林21.67万亩，使参与群众获得劳务收入4886万元。其中，2017年全县5.31万亩购买式造林和管护任务，带动1562户4699人脱贫；2018年8.16万亩购买式造林和管护任务，带动2088户6264人脱贫；2019年实施购买式造林9.2万亩，每亩投资500元，带动1640户4920人脱贫，打造绿水青山的过程，也是群众积累金山银山的过程。此外，林地承包者，还将获得相应林木资产及其收益。以该县欣达扶贫攻坚造林专业合作社为例，2017年实施造林的3500亩林地属于曲峨镇白村14户贫困户，造林验收合格后，户均获得250亩林子，按重置成本计算，户均拥有20万元林木资产，并长期获得生态效益补偿或经济林补偿。大宁县的这一举措对脱贫攻坚、乡村振兴和生态文明建设有着深远影响。2019年第17期《求是》杂志上刊载的《新中国70年创造人类减贫奇迹》一文将大宁县购买式造林作为典型案例予以介绍。

专栏：DAO能否成为合作经济下的新型组织形式[①]

进入21世纪后，合作经济和合作社在中国农村、城市复苏并得到快速发展，特别是在中国农村。合作社是合作经济下典型的组织形式，而DAO（Decentralized Autonomous Organization）作为一种全新的人类组织协同方式，能否与合作经济相结合，甚至成为新一代合作社的表现形式？下面将通过对合作经济、合作社、DAO三者的研究，对上述问题进行探讨。

（一）什么是合作经济？

合作经济是社会经济发展到一定阶段，劳动者自愿入股联合，实行民主管理，获得服务和利益的一种合作成员个人所有与合作成员共同所有相结合

[①] 本文由张彦杰（酷连科技）撰写。

的经济形式。自愿、民主、互利,惠顾者与所有者相统一,是合作经济在不同的社会经济制度中所具有的共性,合作社则是这种合作经济关系的一种典型组织形式。

合作经济简单来说是劳动者在民主自治的基础上实行联合的各种经济形式。合作社能够作为合作经济关系的一种典型组织形式,主要原因在于合作社章程中通常会明确规定"合作社以服务成员、谋求团体成员的共同利益为宗旨。成员入社自愿,退社自由,地位平等,民主管理。实行自主经营、自负盈亏、利益共享、风险共担,盈利主要按照成员与合作社的交易量(额)比例返还"。

当劳动者自发组织成立合作社,成为社员后,能够形成规模化、集约化的发展,从而提高生产效率。社员共同出资购买更先进的生产工具,共同使用,相比于个人购买不仅降低了购买成本和闲置率,而且使用起来也更加高效。

通常合作社实行供销一体,相对于个体户的小额供销,合作社由于统一大额购买生产资料,能够降低购入价格。同时,统一销售时甚至能够与其他专业化公司进行竞争,而个体户则很难做到。

劳动者成立合作社,在综合实力上可实现"1+1>2"的效果,在政策上也会获得更多的倾斜。

(二)合作经济在我国的发展情况

据中国农业农村部统计,截至2019年底,全国拥有农村集体资产的村有60.2万个,已有超过41万个村完成农村集体产权制度改革。全国农村集体资产总量庞大,集体土地总面积共有65.5亿亩,仅账面资产达6.5万亿元;集体所属全资企业超过1.1万家,资产总额超过1.1万亿元。

截至2020年,农民合作社达到224.1万家,业务范围广泛,覆盖农林牧渔各业:27.7万家农民合作社面向小农户提供专业化、社会化服务,1.3万家进军休闲农业和乡村旅游,2000多家从事民间工艺制品等乡村特色产业,26.8万家创办加工、流通和销售实体,4万家发展农村电子商务,近16万家拥有注册商标或农产品质量认证。

通过以上资料可以看出,我国的合作经济发展具有广阔的空间,且当前发展良好。但当前我国合作社仍然存在一些问题需要解决:

(1)合作社发展规模较小,资金实力较弱;

(2)合作组织内部管理不规范;

(3)组织者、管理者综合素质不高,适应市场经济的意识和能力不足,导致对政府部门的依赖性较强。

在新形势下要进一步促进合作经济的发展,DAO作为一种全新的人类组织协同方式,能否解决上述问题,其中的机制能否对合作社进行赋能,就需要进一步的思考。

(三)什么是DAO?

笔者认为DAO更适合定义为基于区块链,以智能合约为管理手段的互联网民主组织。

DAO与合作经济下的合作社有一些相同的特点:在经营上实行利益完全共享、风险完全共担;在成员方面,实行自愿加入,自由退出;在成员等级方面,地位平等,决策民主;在宗旨方面,虽然DAO宗旨方向各不相同,但基础仍然在于在满足全体成员利益基础上实现各项目标。

但DAO也有与合作社不同的特点,由于是基于区块链,因此没有狭义的地域或地区性,DAO的影响力可以覆盖到网络覆盖的范围,并且满足加入条件即可加入;组织内部管理依靠事先约定好的准则,并实现智能合约管理,无须依赖事后监督、事后执行和信任;决策更加透明和民主化。

(四)DAO解决合作社痛点

合作社发展规模较小,资金实力较弱的主要原因在于农民合作经济组织通常是弱者自发的联合,经济实力弱,缺乏资金。同时由于地域观念等现实因素的限制,合作社之间联合较少,即使政策加强引导,推行难度也较大。

而DAO基于区块链,线上治理,没有狭义的地域或地区性,因此能够打破一些地域性的限制。让合作社化身为DAO进行联合,能团结更多的合作社,提高综合实力。同时,线上治理的方式也能够降低治理成本,增强参与的便捷性。

针对合作组织内部管理不规范的问题，DAO通过智能合约规定的内容作为组织运行框架，不符合智能合约条件的相关管理方式、决策等内容将无法通过，能够有效减少权力滥用、假公济私等情况的发生，降低信任成本。

由于基于区块链的特性，任何的行为都将被记录且无法修改，也能够提高违规的代价。

针对组织者、管理者综合素质不高，适应市场经济的意识和能力不足，导致对政府部门的依赖性较强的问题，DAO强调成员自治产生的众智和去中心化决策。劳动者可约定决策投票机制并写入智能合约，若不满足自治条件，则决策等行为将被视为无效。以众智来弥补个人能力的不足，也能够避免有争议的决策、欺诈行为，并减少低级错误。

在其他方面，由于DAO基于区块链的特性，产生的信息不可篡改、不可伪造，因此合作社在成为DAO后，所产生的一切行为、决策都将被公开透明地记录，这将推动成员中每个人更为理智地开展合作社工作。同时，合作社的发展情况也将更为公开透明，有利于推动信用体系更好地建立。

但DAO也面临着一些问题，如智能合约安全性问题，若智能合约受到黑客攻击，将扰乱DAO管理运行规则。

(五)结语

DAO作为新型组织形式与合作社有着千丝万缕的关系，也是以区块链技术为组织合作奠定基础的一种方式，能够在一定程度上解决当前合作社所面临的痛点问题。但能否将其有效运用在实际生产生活中，还需要进行深入实践，因此，本文仅作抛砖引玉。

附录

附录1 梁漱溟乡村建设中心推动乡村振兴合作社人才建设效果评估

作为一个成立超过18年的乡村建设实践机构,梁漱溟乡村建设中心(以下简称"梁中心")的农民合作组织推动工作,无意追求"跑马圈地"功利扩展,而是将其作为机构自身价值属性的外延与具体化;不是机械的课程提供与技术的灌输,而是期望提供有温度、多角度、多层级的综合服务。

这当然也与梁中心对推动综合性社区合作社工作的初心有关,这里不会出现关于"如何获取政府补贴"的种种方法论课程,梁中心一以贯之地将农民合作组织工作纳入乡村发展、农业振兴、农民尊严与发展能力提升的整体愿景,或者说将其作为实现乡村振兴的基本参与者。在多维度的乡村图景中,综合性农民合作组织,以"合作—互助"为联系村社民众生产合作、生活共济、文化共生、生态共享的纽带,这其实既是内嵌于村社"生产—生活—生态—生命"多维一体中国的智慧与传统,也是对这一传统的扬弃与发展。

梁中心的合作社部门工作,以"推动合作社朝向可持续、生态、综合性的方向发展"为愿景,以"致力于挖掘和培养村中的有公益心、有想法的农村社区带头人,为他们提供一整套系统的培养计划,推动所在地合作社的发展"为工作指向。这些不会在合作社带头人培训课程或交流活动中会去特意阐释,但参与梁中心合作社网络的成员都可以较为清晰地感受到这样的价值与信息的传递。

我们从梁中心合作社网络成员中以随机抽样方式抽出62个样本,考察梁中心提供的各项服务(培训、参访、交流、论坛、市场对接、派驻志愿者、实地指导等)对农民合作组织及其成员的效果。

（一）样本总体情况

本次评估所有抽样所依赖的合作社网络建设及成员登记工作主要开始于2010年之后，早期参加梁中心活动的合作社往往由于联系方式变更等原因未能纳入登记范围，因而本次评估更多是反映了梁中心近年的工作情况。

从第一次参加梁中心活动来看，通过近年来推出的"头雁计划"接触到梁中心的最多（图1），而类型多样的合作社培训、历年的合作社论坛也是梁中心结识新合作社成员的重要机会。有12.9%的成员与梁中心保持了至少10年的联络。这些早期的合作社成员不仅经历了梁中心发展的各个阶段，与梁中心结下了深厚情谊，建立了相互支持的合作关系，更由于其跌宕起伏的、丰富的合作社发展与社区建设经历，积累了丰富的业务管理与基层工作经验，使其成为梁中心培训和服务中重要的"本土专家"式存在。

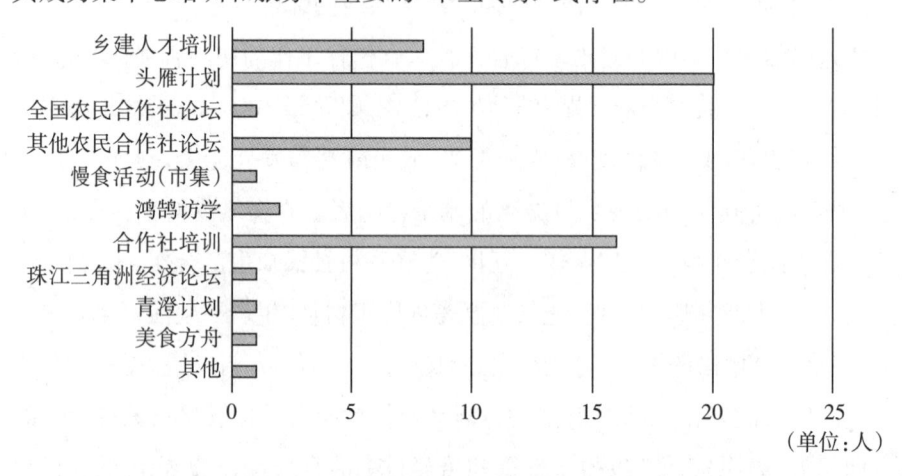

图1 第一次参加梁中心活动的渠道统计

参加10次以上梁中心的各类活动（培训、参访、工作坊、市集等）的占到12.9%，参加2~5次活动的为41.9%，参加6~10次活动的为17.7%。其中，2004年至2008年间首次接触梁中心的群体中，42.9%的人参加过10次以上活动；而在2009年至2012年首次接触梁中心的群体中，也有相同比例的人参加过6~10次梁中心的各类活动；2013年至2016年首次接触梁中心的群体中，47.1%的人参加过2~5次各类活动，这个比例在2017年之后的新人中甚至更高,达到了52.4%,这也在一定程度上体现了梁中心在服务密度方面的提升。

(二)服务效果评价

首先对梁中心农民合作组织培训效果进行评估,在"培训对自身能力建设的帮助"方面,20%的受访者认为培训提升了自我认知能力,近40%的人认为培训提升了对合作社的经营管理能力(团队管理、组织能力、运营能力),而作为培训的某种副产品,培训还起到了开拓视野、积累人脉资源的作用(图2)。

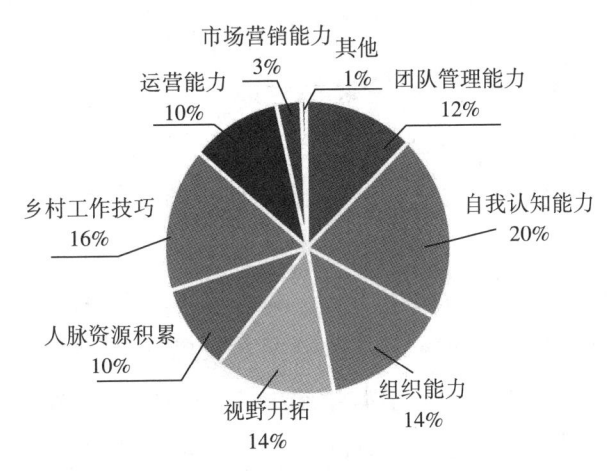

图2　梁中心培训对自身能力建设的帮助

在合作社知识体系对学员的助益程度方面,集中趋势并不明显,10类课程的助益率围绕均值波动,可以说是"萝卜白菜各有所爱"(图3)。而生态农业类课程相对较高的助益率与市场营销类的较低水平,也说明了梁中心课程的相对优势与不足。具体到生态农业类课程,生态农业技术和生态食材的市场运营模式是最受欢迎的,这也反映了合作组织的业务线的变化。除此之外,分别有近三分之一的受访者认为"生态循环式设计""农村垃圾分类"这类与乡村生活可持续性相关的课程对自己有帮助,这两项课程的意义不仅在于有助于与生态农业技术的有机结合,更在于一种亲环境的、低成本的乡村生活方式的养成。

图3 合作社知识体系的助益率

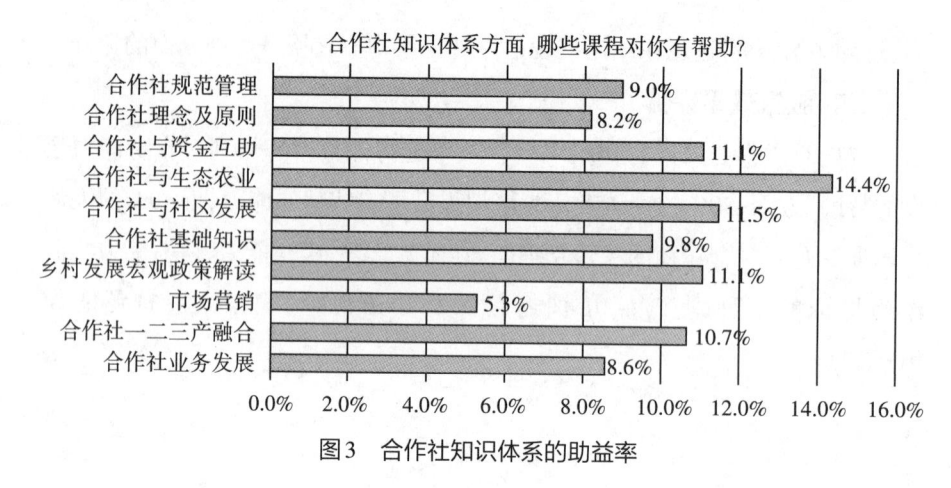

课程	助益率
合作社规范管理	9.0%
合作社理念及原则	8.2%
合作社与资金互助	11.1%
合作社与生态农业	14.4%
合作社与社区发展	11.5%
合作社基础知识	9.8%
乡村发展宏观政策解读	11.1%
市场营销	5.3%
合作社一二三产融合	10.7%
合作社业务发展	8.6%

在课程的组织方式方面,专家讲解与实践者分享是给学员留下最深印象的两种方式,后者甚至还略微高于前者(图4)。事实上,让更多的资深实践者登上讲台,也是梁中心近年来合作组织培训中的一大趋势。虽然政策性、方向性分析仍是不可或缺的培训组成部分,但随着各地实践的纵深化,在地的、在解决各种实际问题中打磨出来的一线知识,似乎更能解学员的燃眉之急。小组讨论、学员间交流同样获得较好的评价,也就是说,有着一定实操经验的合作社之间网络状的信息分享本身,就会给学员带来很大帮助。

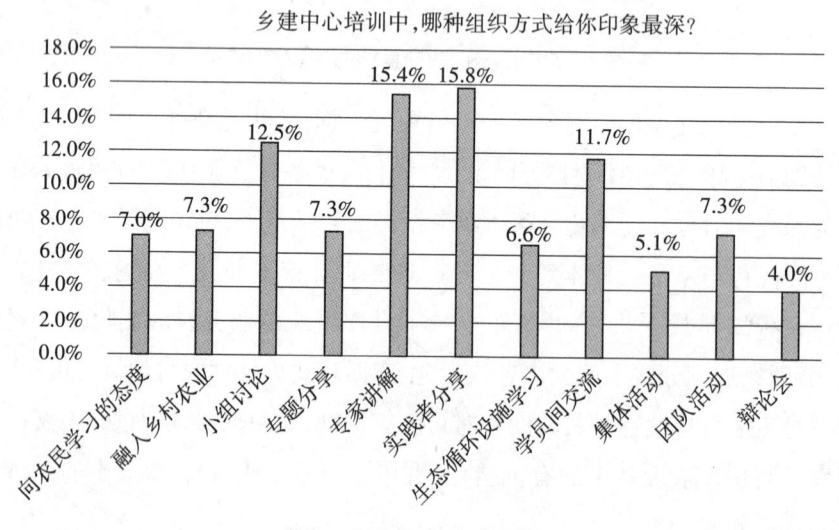

乡建中心培训中,哪种组织方式给你印象最深?

组织方式	比例
向农民学习的态度	7.0%
融入乡村农业	7.3%
小组讨论	12.5%
专题分享	7.3%
专家讲解	15.4%
实践者分享	15.8%
生态循环设施学习	6.6%
学员间交流	11.7%
集体活动	5.1%
团队活动	7.3%
辩论会	4.0%

图4 课程组织方式统计

这样的趋势又与学员构成的另一个趋势性变化相关。近年来,参加合作社培训的学员构成也正悄然发生着变化,更年轻、受过更好教育、有较强自我学习能力的新生代农民合作社骨干越来越多地出现在培训名单中。这就使他们更善于利用各种灵活多样的方式获取信息与资源,合作社培训也从十年前的坐而论道为主,逐渐向形式的多元化演进。在梁中心合作社"头雁计划"的设计方案中明确表明了对学员结构变化的期许:"头雁计划,目的是在全国为农村、农业和社会寻找最有情怀和智慧的乡村带头人和农业实干者。这些来自全国各地的农人们,不同于传统意义上的农人,是一群有知识、有观点、有价值的新农人。"

(三)梁中心综合服务评估

1.成长评价

在这个板块,我们主要考量梁中心提供的各项服务(集中培训、慢食市集、资源对接、参访游学、年度合作社论坛、实地指导等)对合作社发展是否有所帮助、有怎样的帮助。对于问题"乡建中心提供的各项服务活动中,哪些活动或服务对你帮助最大?",调查结果如下(图5)。

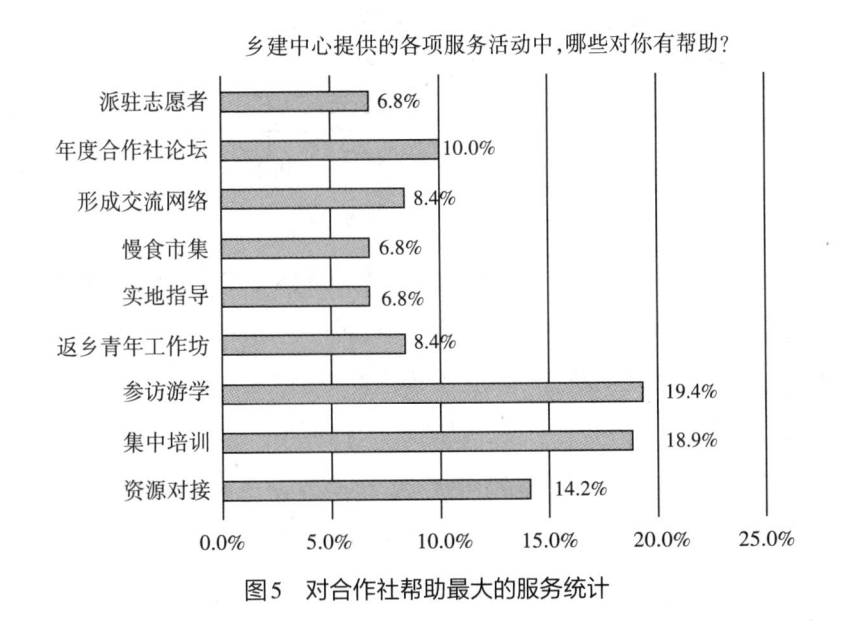

乡建中心提供的各项服务活动中,哪些对你有帮助?

服务项目	百分比
派驻志愿者	6.8%
年度合作社论坛	10.0%
形成交流网络	8.4%
慢食市集	6.8%
实地指导	6.8%
返乡青年工作坊	8.4%
参访游学	19.4%
集中培训	18.9%
资源对接	14.2%

图5 对合作社帮助最大的服务统计

对合作社帮助最大的服务是"参访游学"(19.4%),超过了传统的集中培训(18.9%),这样的结果多少出乎我们的意料。近年来,梁中心将对合作社集体参访融入课程体系中,为正在发展的农民合作社提供成熟合作社的案例参访考察,在访学中结合实地考察,深度解剖优秀合作社的发展历程和经验,能够帮助合作社更加深入地学习到成熟合作社的发展经验与教训[1]。

对于"在合作社的发展过程中,梁中心提供的帮助主要体现在哪些方面?",被学员们提及最多的三个方面分别是"提供合作社发展经验交流学习""提供合作社发展理念的指导""提供合作社发展生态农业方面的指导"(图6)。

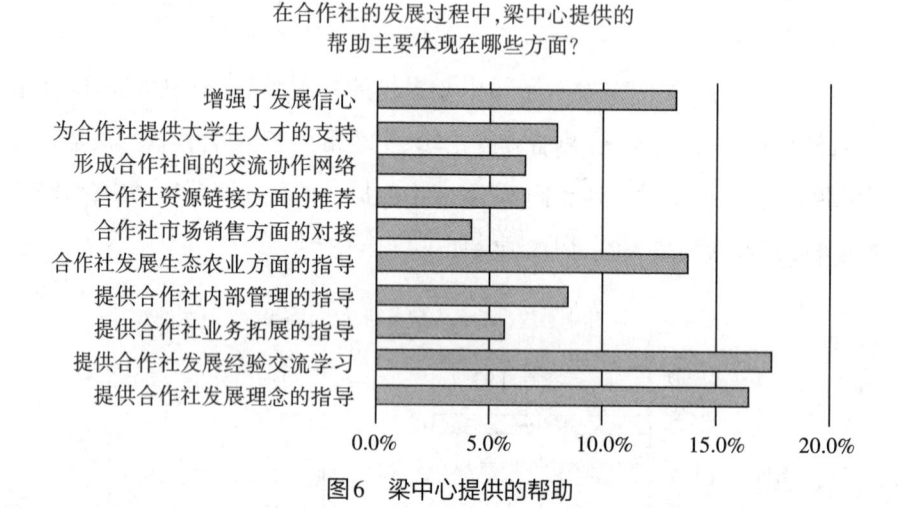

图6 梁中心提供的帮助

理念的引导,并非空洞的说教,而是具体化到每一次培训主题的规划、课程的设计、专家的选择、参访点的取舍之中,而将全局性的分析、政策导向、国际潮流与基层的实践创新、市场把控、运营管理相结合,才是要做足功夫的地方。从2017年度10月合作社带头人"头雁计划"培训来看,这里既以温铁军先生"乡村与农业的未来发展趋势和挑战"的报告为领衔,又以国内一二三产融合同村社集体经济与合作经济融合创新的实际案例分享为两翼。而在"圆

---

[1] 梁漱溟乡村建设中心2016年度合作社发展规划。

桌论坛"环节，市场与品牌建设、社区服务与教育、合作社组织管理与综合业务等话题，是成长中合作社面临的关键问题，也是梁中心希望"掰开了揉碎了"引起学员思考的问题。

生态农业的主题几乎贯穿了梁中心"头雁计划"的每一次培训，不论是到业内领军的CSA农场参观，还是对供给侧结构性改革下多元生态农业的政策解读，都内置了梁中心希望推广的理念，并开展以"生态农业、城乡融合"为主题的专项培训，探讨在乡村发展生态农业、城乡融合如何突破"三大关"：思想转变关、市场认可关、生产技术关。

有意思的是，"增强了发展信心"这一选项的重要性仅次于理念与业务的指导层面的意义。这其实也是促成合作社成员交流网络的另一层含义，罗曼·罗兰在《贝多芬传》初版序中这样写道，"在不甘于平庸凡俗的人，那是一场无日无之的斗争……在孤独与静寂中展开的斗争……大多数还彼此隔离着，连对患难中弟兄们伸一援手的安慰都没有，他们不知道彼此的存在"，这在某种程度上也折射着散布各地的农业创业者的境遇。也正是如此，每次集中培训或访学之际新朋老友再相聚时的快乐才如此重要。然而，作为项目推进机构的梁中心，让学员们相识、相聚的意义还不仅在于此。如果说，170年前，罗虚代尔公平先锋社的意义在于个体期望以联合互助的形式抵御经济社会风险的话，当代的乡村建设视野中的合作社的价值指向是与那些历史先声相呼应的。在2017年梁中心"合作社网络推广项目总结"有这样一段话：

食品安全、环境污染、信任缺失，面对这些问题，个人的力量总是渺小的，只有大家一起发声，一起行动，一起改变，我们才有可能改变现状。2017年11月28日，头雁公社在北京市顺义区大北坞村梁漱溟乡村建设中心成立了，公社联合乡建中心"头雁计划"中的返乡青年，合作组建责任生产联盟，共同推动可持续健康农业的发展，解决食品安全、环境污染问题。头雁公社不仅仅是生产者的联合，也是消费者的联合。生产者亦是消费者，消费者亦是生产参与者，大家彼此联系，彼此信任，彼此前行。头雁，头雁，连成一片！这不是一个简单的口号，而是一场为自己、为家庭、为生活、为农业、为国家的集结号。头雁公社,只供全食系生态食材。

看这段不像总结而似"宣言"的话语,也许写作人自己也没有想过其中蕴含的另一层次的意义。170多年前的先锋社止步于劳动者以消费者身份的互济,而乡建基地的"头雁"们的合作社,不仅事实上形成了小农合作组织的合作,而且是劳动者以消费者及生产者双重身份的合作。

2. 合作社发展评价

对于问题"在合作社内部管理方面,乡建中心有过哪些方面的指导和帮助?",除了常规性的帮助如"协助合作社规范化管理"(19.4%)、"帮助合作社制定章程"(12.6%)之外,"加强合作社内部文化建设"(27.2%)成为突出的亮点(图7)。这一点,也在另一题"在乡建中心影响下,合作社内部管理有哪些变化?"的回答中得到印证,"推动了合作社内部文化和凝聚力建设"占22.1%,如果按选择此项的人数比例来看,有30个受访者,也就说近一半的学员认为,在乡建中心影响下最显著的变化是合作社内部文化与凝聚力提升(图8)。

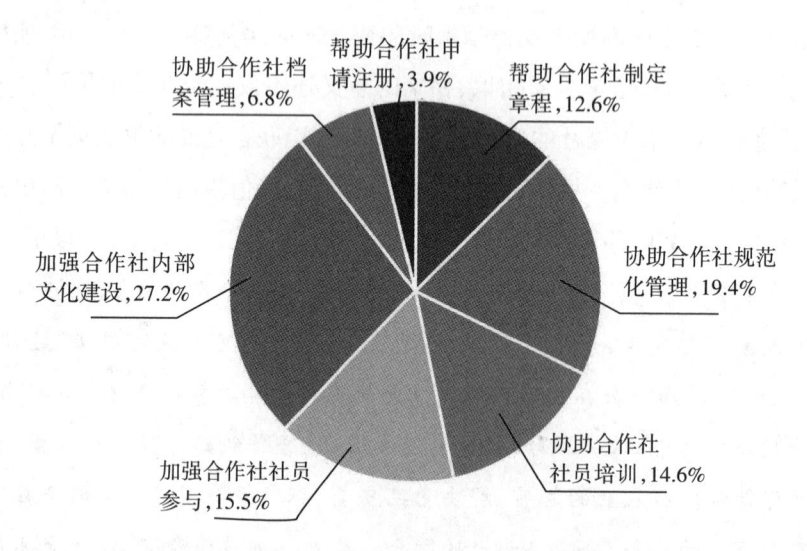

图7 乡建中心对合作社内部管理的帮助

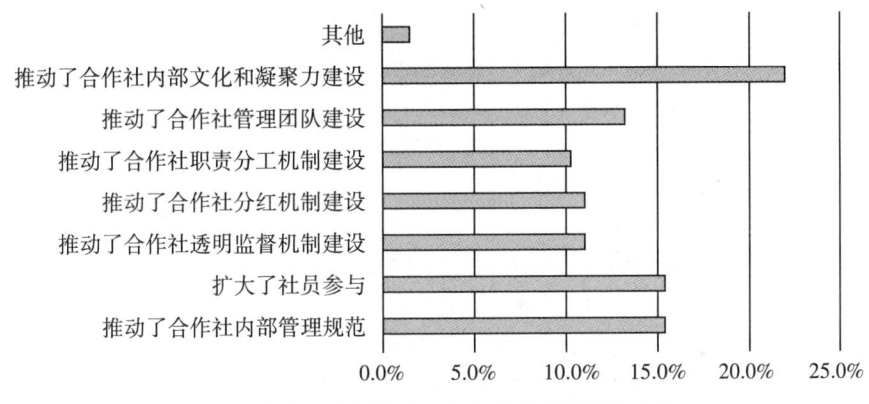

图8 在乡建中心影响下合作社内部管理的变化

这当然也与梁中心对推动综合性社区合作社工作的初心有关,既然将其作为乡村建设工作的基本参与者,则其至少应为自我可持续发展的、有活力的。而组织之所以区别个体松散联合的状态,文化凝聚力与组织认同感是不可或缺的,这也是本土合作组织的"土专家"们从十余年合作社组织管理中总结出的最基本的经验。而这里更深层次的逻辑是,以合作组织内部公共生活、公共参与的合作互助的文化浸染与习惯训练,为脱贫攻坚、乡村振兴提供民众精神与素养上的准备,这样的准备难道不正是国家复兴最深厚的根基?

对于"在乡村建设中心培训、交流、参访等活动的影响下,合作社在业务上有哪些变化?",提及"推动合作社发展生态产业"的最多,稍少一些的人认为梁中心的活动"加强了合作社与城市消费者的联系"(图9)。一位参加了"头雁计划"培训一期的学员写道:"我发动了一些农户入社,讲除草剂对土壤和人的危害,做生态农业。还是60岁以上的老人愿意试试,年轻人一听人工除草不干。有几户计划今年秋天种小麦时就留一块地做试验,不用化肥和农药。我想了解怎样能让大家转变观念,行动起来发展生态农业;如果发展生态农业的用户多了,怎样检测,怎样推销。"构建与城市消费者建立信任关系、差异化的生态供需模式,其实是小规模农产品生产者绕过既有市场势力的尝试。近年来,梁中心以国际化合作、与城市消费者团队对接等形式,协助合作社扩大市场空间。

图9 合作社业务方面的变化

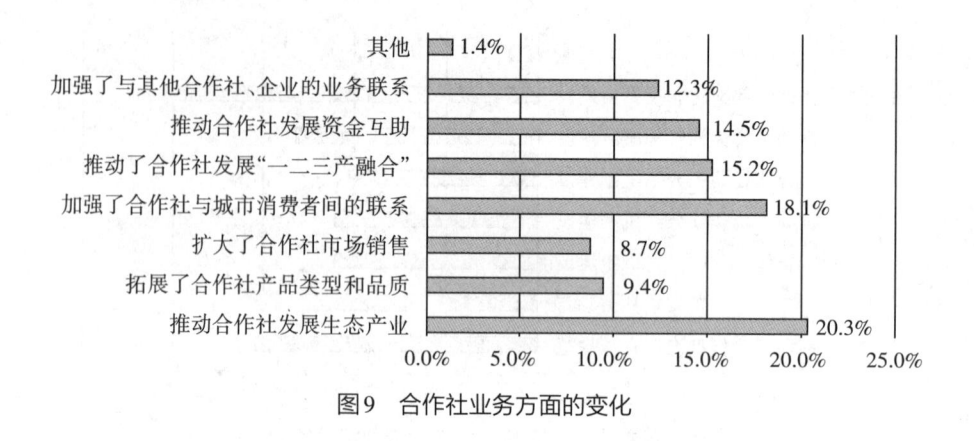

类别	百分比
其他	1.4%
加强了与其他合作社、企业的业务联系	12.3%
推动合作社发展资金互助	14.5%
推动了合作社发展"一二三产融合"	15.2%
加强了合作社与城市消费者间的联系	18.1%
扩大了合作社市场销售	8.7%
拓展了合作社产品类型和品质	9.4%
推动合作社发展生态产业	20.3%

附录2 陪伴乡村的发展

——梁漱溟乡村建设中心推动乡村建设案例[①]

随着基层税费冲突愈演愈烈、城市化进程的加速,"三农"问题从作为"政策话语"提出的那一刻起,就与祖国腹地农区在资本、土地、人才三要素制约下,通过农民群体主动或被动联合而生发的各种新鲜尝试与突破联系在一起。彼时,农民合作社立法远未破题,农民组织化的萌动与生长,反映了在过度市场化与过重课税负担中,处于不利境地的群体争取生存权与发展权的行动,也反映了城市大小知识分子对中国现实和自身责任的自觉。在这样的背景下,梁漱溟乡村建设中心(以下简称"梁中心")推动的乡村建设实践在全国蓬勃展开。

第一阶段(2003年之前):支农下乡,建立信息站
关键词:税费冲突、支农社团、下乡、农村信息站
梁中心农民培训始于21世纪之初,京津等地高校教师带领学生深入穷

---

① 本案例素材来自梁漱溟乡村建设中心历次工作总结、报告等文献。梁中心创始人刘老石,工作人员汪维行、闫利霞、刘良、李龙、白亚丽等都对本文有贡献。

乡僻壤的乡村调研。满怀热忱的师生发现农民最需要的往往不是物质和金钱,而是政策法律、农业科技教育等方面的信息——这事实上也是知识分子们最擅长提供的。于是,很快在全国范围的高校形成了支农志愿者社团网络,动员全国大学生志愿者到农村宣传党中央的政策法规,传播农业科学技术,参与农村建设,促进农村发展。

到了2004年,全国各地已经建立了200多个"大学生农村信息传播站",让当地农民骨干做站点的负责人,通过他们收集、传达农民需要的各类信息。促进了城乡之间信息的流动,提升了全要素生产力。

第二阶段(2003—2005年):培育合作文化,组织村级培训
关键词:试验区、新农村、乡建人才

在当代乡村建设的早期,如何开展农民教育和组织化工作,并无现成的方法可循,好在初出茅庐的青年学子们可以承担足够的试错成本。以大学生下乡支农调研为基础,在全国寻找优秀农村带头人,很快建立30个乡村建设试验区(如河南兰考、湖北三岔、安徽南塘等地)。值得一提的是,这些早期的试验点,大多与梁中心结下了深厚的情谊,其中一些不仅成为乡村人才培育的基地,其带头人更是梁中心各类培训中的"实践派专家"。试验区以组建各种各样的农民合作组织为工作核心,在《团结就是力量》的昂扬旋律中,在"改变自我,做家乡主人;团结起来,建设新乡村"的口号中动员农民组织起来组建文艺队、老年协会、妇女协会和一系列的经济协会。

在这一时期,不论是梁中心还是各个试验区的带头人,都认识到要推动农村发展,首先要激活农民的自主发展意识,并以组织化训练的方式改变农民的既有认知。虽然常常是各种突发奇想的"野路子",却与20世纪二三十年代晏阳初先生在定县实验中倡导的文艺教育、生计教育、卫生教育、公民教育这"四大教育"内合。在试验区组织协会的成员参与新乡村建设的培训,培训主要以精神激励和农民组织化为主要内容,探索多样化的农民培训模式:唱民歌、军训出操、喊口号、举办群体性的体育竞赛以及开展组织化的学员管理,通过分组讨论、表演、模拟等多种方式展现课程的精彩内容。

大事记

2003年12月23日—12月30日,湖北房县三岔培训班村民自治项目开展第一期。

2004年全年,三位青年志愿者詹玉平、肖青、白亚丽驻点湖北三岔,展开乡村建设的探索,协助当地村民组建、成立大量公益协会和经济协会。

2004年2月,湖北省房县三岔培训班村民自治项目开展第二期。

2004年3月,三岔培训班村民自治项目开展第三期。

2004年5月22日—5月26日,晏阳初乡村建设学院开展农民综合能力培训。

2004年7月,三岔村茶场新乡村建设人才培训班开展第四期。

2004年8月,山东省鱼台县姜庄村:新乡村建设实践经验推广交流研讨会举行。

2005年2月19日—2月25日,举办湖北三岔第七期培训交流会及大学生支农调研交流会。

2005年11月1日—11月2日,在中国人民大学逸夫会议中心举办"新农村建设:实践反思与展望"研讨会。

2006年2月,举办"合作社试验点经验和问题分享会",邀请各个层次的专家学者广泛参与研讨,对农民提出的问题进行深入剖析,并请专家和其他试验点的团体提出改进思路。

2006年3月,开始实施针对合作社发展实验的小额资助项目,以及资助组建跨区域的合作组织网络。

2006年4月23日—4月30日,农民合作组织深度交流。

第三阶段(2006—2010年):合作社探讨,全国合作社培训
关键词:合作社法、城乡互助、绿盟、生态农场

时代的发展为实践者提供了更广阔的空间,梁中心在回应时代不断提出的新召唤中成长起来。2005年,国家提出社会主义新农村建设的宏伟目标;

2007年,《农民专业合作社法》正式颁布实施。新农村建设和合作社的发展面临新的发展形势和任务。在农村发展的新形势之下,梁中心以农民合作组织为载体,开展农村文化建设、统购统销、农村资金互助以及生态农业、城乡互助的探索。在今天看来,10多年前的诸多创新在形式上尚显粗糙,在技术上仍为质朴,却独具先见地开拓了若干崭新的领域,这些领域历经涤荡与曲折后,在多年后开花结果。为满足农民合作社骨干的培训和学习需求,在总结在试验区农民合作组织的发展和农民培训的经验的基础上,开展了全国农民合作组织的培训。

正是在这个时期,在当代乡村建设团队多年推动与联络的基层合作组织,开始了第一次联合的尝试。2006年4月,来自全国五个省份的七家农民合作社为谋求自身的发展,成立了第一家全国性的农民合作社联合社——北京国仁绿色联盟。这七家联合单位,有的脱胎于早些年的试验区,有些则是后来脱颖而出。国仁绿色联盟自成立以来,多次举办关于可持续农业发展、城市文明消费论坛等活动,在已有的100多个合作社项目点中发展出了十多家健康农产品生产合作社(基地),并在河北省顺平县建立了生态试验农场,开始生态养殖和生态种植试验,得到了诸多专家和学者的大力支持。可以说,即使在10多年前,在食品安全问题尚未被国人普遍关注的时代,梁中心推动建立的农民合作组织已经将生态农产品作为自己主攻的方向之一,这不仅是对市场的敏感与预见,更有试图绕过已经形成垄断、层层壁垒的主流农产品市场,尝试弯道超车的思考。

大事记

2006年—2008年,与国务院扶贫开发领导小组办公室、中国扶贫基金会(2022年6月更名为"中国乡村发展基金会")合作,执行江西省兴国县的整村扶贫项目。

2007年—2009年,顺平试验区"农资托管"项目开展尝试。

2008年5月14日,组织试验点基地的农民和学生组成抗震救灾联队赴川救灾。2008年5月28日,抗震救灾情况通报会在中国人民大学举行,得到了多家媒体的关注和报道。

第四阶段:全国农民合作组织网络(2011—2015年)
关键词:专业化、网络化、返乡、生态农业

跨入21世纪的第二个十年,中国"三农"问题的内涵与形态都发生了显著的变化。一方面,随着沿海发达地区率先进入工业化成熟阶段,市民休憩、娱乐需求助推了农业多功能化逐渐落地,而食品安全问题成为公众话题后,为生态农业开辟了广阔市场空间;另一方面,传统农区青壮劳动力的持续外流,助推着规模化生产与新型农业经营主体走到聚光灯下。梁中心一直以"为农民服务"为基本价值指向,而此时,需要对"农民"概念本身进行再思考。

在梁中心推动合作社及乡村人才建设阶段,更趋"专业化""细致化"。这当然是回应农民合作组织破题十年后在实践层面的差异化的需求。梁中心对合作组织规律驾轻就熟地作出总结,并因势利导地设计阶段化、系统化的培训架构。在这个时期的合作社推动工作中,梁中心更加重视针对不同合作社发展阶段,有针对性地提供差异化支持。这一方面是经过近十年的政策实践,国内农民合作组织已经呈现日益多样化的面貌,另一方面也基于机构十余年培育农民合作组织积累下来的丰富感性认识与规律总结。

2010年9月,江苏省武进现代农业产业园区与中国人民大学可持续发展高等研究院签署战略合作协议,共同打造可持续发展试验区。2011年5月,梁中心工作组进驻试验区,陆续成立合作社服务中心、嘉泽姬山书院,与大水牛市民农园构建试验区框架,探索多元、综合、可持续的试验区发展模式。

全国农民合作组织发展在各种层面上都在不断突破,这对合作社人才培养工作的深度与广度都提出了更高的要求。不仅需要一个广阔的平台来交流和分享农民合作组织发展的经验,还需要一个专业的平台来为农民合作组织发展提供培训和后续跟进服务。为此,梁中心从2011年着手搭建全国农民合作组织网络,并以"合作社论坛"为平台,推动合作组织建设、食品安全、城乡互动、生物多样性、种子保护等领域公共议题。

第五阶段：城乡融合与国际交流（2016年至今）

关键词：返乡育种、国际返学、美味方舟

在农村不断深入改革的背景下，"三农"问题已经得到有效缓解，农村的发展面临新的机遇和挑战。随着持续增加的"三农"投入，不断巩固完善强农惠农政策的推出，农民的生产生活、教育质量、农村基础设施等方面都得到了很大改进。但同时，农村发展也面临着资源环境制约凸显、农产品供需结构性矛盾突出、国内外市场竞争加剧等一系列的挑战。

梁中心在深化和拓展全国农民合作社网络的基础上，通过优质农产品购销、乡村自然教育等进行城乡融合，以多种形式展现生态产品背后的乡村故事，让更多的城市消费者能透过产品来认识乡村，也吸引城市人群参与乡村发展，重新连接乡村和城市。同时，推动国际化交流，以国内外返乡青年互相探访交流的形式，建立相应的交流机制，共同探讨与应对全球化背景下的食物安全、农业发展、消除贫困、生态环境保护等问题。

大事记

(1)"返乡有种"：支持返乡青年计划

2013起，梁中心先后协助河南、广西、福建和江西等地的返乡青年建立区域性的"返乡青年互助网络"。2013年1月，在第三届全国农民合作组织论坛上，梁中心发出了《青年返乡倡议书》，呼吁："全社会都能重视故乡对于我们每个人的生活和灵魂的意义，我们也希望能有更多的青年人行动起来关心和关注家乡的发展，为共同创造美丽而永续的家乡一起努力！"

梁中心对返乡青年的界定，更多是在恢复和重建乡村的文化和价值层面，以及对城市化发展观在某种程度上的反思。因此，梁中心将返乡青年定义为：带着返乡返土的自主意愿，有着对乡土的社会、文化归属感，长期扎根在乡村社区；或虽驻点城镇从事城乡互动工作，但和乡村社区以及农民群体保持较为密切日常互动的青年人（群体）。

在推动返乡青年的工作中，梁中心采取了建立在地行动支持体系的工作手法，即区域化、在地化，从2014年至2017年，与当地的合作伙伴共同推动了河南、广西、福建、江西等地的返乡青年互助小组(联盟)。

2016年，梁中心采取行动研究的方式，一方面推动河南返乡青年的互助小组形成，探索在地化的参与式保障体系，并组织返乡青年举办生态农夫市集。仅2016年就举办了10多场市集。同时，在与河南返乡青年互助小组一起工作的过程中，以口述史的方式记录几位发起人的生命故事，力求通过个体生命故事的叙述，以及他们的行动与思考，呈现他们走过的返乡路径。

2017年，我们通过发起"返乡有种·先锋论坛"，为不同阶段的返乡青年建立支持体系，以知识和经验分享的互助网络回应返乡青年多样化的需求。

(2)国际探访交流

①鸿鹄访学计划

"鸿鹄访学计划"旨在推动中国与东南亚国家间的农民与返乡青年之间的国际交流(图10)。梁中心通过组织国内外在乡村扎根，并有成熟经验的农民和返乡青年代表，以互相探访交流的形式，建立国际农民交流机制，共同探讨与应对全球化背景下的食物安全、农业发展、消除贫困、生态环境保护等问题。

2017年，在全国招募15位优秀合作社骨干或带头人、在乡村社区扎根的返乡青年、其他各类乡村带头人(致力于改变乡村的村"两委"成员、妇女协会和妇女小组带头人、乡村社区教育工作者等)去泰国开展为期10天的参访，探讨在微观实践层面丰富而多元的实践经验和思考。

图10 "鸿鹄访学计划"活动图

②慢食链接国际

在2015年与"国际慢食"合作共同推动合作社和农户围绕食物作为切入点,开展各种培训交流活动及慢食倡导活动,推动小农户和合作社登上国际舞台开展各种交流合作。2015年,慢食大中华区开启了"美味方舟"食材的征集工作。

2016年4月至9月,大中华区慢食和大中华区慢食科学委员会通过微信公众号发布慢食征集活动,共有150多种传统食材参选。5月,经过慢食科学委员会第一轮评选,有144种食材入选中国"美味方舟"。6月至7月,经过第二轮评选,最终有60种食材入选国际慢食"美味方舟"。

2016年9月22日至26日,大中华区慢食协会和慢食科学委员会组织了来自政府、学术界、媒体、生态小农户、社会组织、餐饮企业、农业企业等25人的代表团,参加了在意大利都灵举办的第11届"2016年大地母亲·品味沙龙"活动(图11)。同时,对入选"美味方舟"食品名录的60种食材进行了展览,分享了中国农民、小手工业者在保护濒临灭绝物种方面的贡献和经验。

图11 "2016年大地母亲·品味沙龙"活动